高分笔记法

科学记出好成绩

赵尔迪 著

机械工业出版社
CHINA MACHINE PRESS

本书作者根据自己的求学经历和二十余年的一线教育经验，总结出一套适合 8~15 岁孩子的高分笔记法，针对预习笔记、课堂笔记、复习笔记、网课笔记、错题笔记、作文素材笔记、读书笔记等场景，分享了"在哪些学习环节需要记笔记，记笔记应该达成什么样的目标和效果，为了实现这个目标应该去记哪些具体内容，记这些内容时需要考虑哪些原则和方法，在后续的学习中应该怎样使用笔记"等内容。书中的方法实操性强，能够帮助孩子科学、高效地学习，更快提升成绩。

图书在版编目（CIP）数据

高分笔记法：科学记出好成绩 / 赵尔迪著. — 北京：机械工业出版社，2021.10
ISBN 978-7-111-68925-6

Ⅰ. ①高… Ⅱ. ①赵… Ⅲ. ①中小学生 — 学习方法
Ⅳ. ① G632.46

中国版本图书馆CIP数据核字（2021）第160579号

机械工业出版社（北京市百万庄大街22号　邮政编码100037）
策划编辑：刘文蕾　丁悦　刘春晨　责任编辑：刘文蕾　丁悦　刘春晨
责任校对：张　力　　　　　　　封面设计：吕凤英
责任印制：单爱军
北京新华印刷有限公司印刷

2021年10月第1版第1次印刷
145mm×210mm・5.375印张・99千字
标准书号：ISBN 978-7-111-68925-6
定价：59.80元

电话服务　　　　　　　　　网络服务
客服电话：010-88361066　　机　工　官　网：www.cmpbook.com
　　　　　010-88379833　　机　工　官　博：weibo.com/cmp1952
　　　　　010-68326294　　金　书　网：www.golden-book.com
封底无防伪标均为盗版　机工教育服务网：www.cmpedu.com

自序

高效学习,从科学记笔记开始

作为一名工作二十余年的教育行业从业者,我见过很多同学在学习上遭遇过各种各样的困惑。其中最让家长和同学们感到无奈的可能就是:明明学习很努力,为什么成绩就是不见提高?

这个问题本身不难回答:学习方法不对。难的是我们并不知道,到底什么才是好的学习方法,自己又该从什么地方着手去改进。我的工作让我接触了很多老师、家长和学生,也一直致力于研究"学习的科学"。我发现,大多数学习方法更科学、学习效率更高的同学,都有一个共同的特点:用笔记贯穿他们学习的各个环节。

笔记:学习方法的核心和载体

不少同学认为学习笔记就是一份学习资料,没有那么重要。

所以我们经常看到这样一些行为：课上不记笔记，课后抄同学的，甚至在考前复习时直接复印笔记；或者特别喜欢找班里的"学霸"借笔记，认为他们肯定记得比自己好……这些错误的做法，和拿到一本单词书就以为自己学会了书里所有的单词，其实是一样的。

如果笔记本身是被写下来的学习结果，记笔记就是产生这个结果的学习过程。而怎么去完成这个过程，是一个人学习方法的集中体现。为什么这么说？因为记笔记实际上是在处理下面这两个核心学习问题：

第一，学什么的问题。上课的时候要记什么，什么是重点、什么该忽略，知识点之间存在怎样的逻辑关系……记笔记的时候，我们需要不停地思考这些问题。好的笔记方法，让我们在这个过程中学会筛选学习内容中的重点和关键信息，发现、整理分散知识点背后的逻辑框架。相反，如果没有正确的方法，我们就解决不好"学什么"的问题，对一门课里"什么是关键知识、知识结构是怎样的"没有概念，学起来又何谈效率？

第二，怎么学的问题。什么时候需要记笔记？记完之后怎么使用？其实，记笔记的过程，反映了我们需要完成哪些学习环节，以及怎么去完成每一个环节。一个只会在课上被动抄笔记的学生和一个能在各个环节主动记笔记的学生，一个记完笔记之后就把它束之高阁的学生和一个记完笔记懂得整理使用的学生，学习效率是完全不同的。

可以说，一套科学、高效的记笔记的方法，可以帮助大家建立一种科学的学习思维方式，形成一个高效的学习习惯。

高分笔记法：用笔记改进学习过程

在这本书里，我将为大家呈现一套"高分笔记法"。

与很多记笔记的方法不同，它远不只是一些零散的记笔记的技巧，而是一整套从实际学习场景出发，让大家明确该"学什么""怎么学"的实用方法，是一个切实改进学习方法、形成高效学习习惯的抓手。在这套方法里，大家会学到：

1. 场景——在哪些学习环节需要记笔记；

2. 目标——在这些环节，记笔记应该达成什么样的目标和效果；

3. 内容——为了实现这个目标，应该去记哪些具体的内容；

4. 技巧——在记这些内容的时候，需要考虑哪些原则和方法；

5. 应用——记完的笔记，在后续的学习场景中应该怎样使用。

这五个部分的内容环环相扣，贯穿整个学习过程。无论我们是不是思考过这些环节，它们都一直贯穿于我们学习的始终。这套"高分笔记法"既简单又实用，通过分享不同场景下记笔记的方法，帮大家在每个环节提高学习质量，建立正确的学习习惯，并最终提升学习效果。

我们一直倡导"科学学习更有效"的理念，相信科学的方法可以让学习变得更简单高效。这套"高分笔记法",也是在这样的理念之下,经过长期积累和总结呈现出来的结果。衷心希望这本书可以帮助大家解决学习困惑,找到改进学习方法、提升学习效果的关键!

腾讯教育副总裁

腾讯家长学校校长

腾讯企鹅辅导总经理

中国家庭教育学会常务理事

赵尔迪

目　录

自　序　高效学习，从科学记笔记开始

"好"笔记让你的头脑更聪明

001

你真的会记笔记吗？ / 002
记了笔记≠会记笔记 / 002
对记笔记的三大认知误区 / 003

什么是"好"笔记？ / 007
记笔记的目的 / 007
不利于高效复习的笔记 / 009
什么样的笔记，才算是好笔记 / 012

高分笔记法，科学易用的好笔记 / 021
明确了"为什么记"，才知道"怎么记" / 021
三大环节的独特优势 / 023

预习笔记这样记，学习轻松又高效

027

为什么你的预习没有效果？ / 028
预习环节常见的错误"姿势" / 028
预习的价值和目的 / 030

预习时，应该重点记录什么？ / 032
对知识的理解和思考 / 033
标注新知识中的重难点 / 033

预习环节这样记，学习轻松又高效 / 036
根据学科制订预习流程表 / 036
根据预习流程表在课本上做标注 / 041

课堂环节：帮你轻松记出学霸笔记

043

记课堂笔记，不是为了抄板书 / 044
对课堂笔记的错误认识 / 044
错误认识给学习带来的三个负面影响 / 045

课堂环节，该记录什么？ / 049
记提纲 / 049
记重点 / 051
记疑点 / 052
记补充细节 / 053

课堂笔记这样记，让听讲更高效 / 055

规划笔记页面 / 056
边听讲边记提纲 / 057
记提纲的同时速记重点 / 063
听讲全程随时记录疑问 / 067
临近下课，根据老师的总结补充细节 / 068

课后环节：科学整理笔记，实现高效复习

073

为什么要记课后笔记？ / 074

记课后笔记的过程可以实现对知识的"再加工" / 074
课后笔记有助于打造完整的知识体系 / 076

课后笔记应该记什么？ / 078

对课堂笔记进行补充 / 078
课后总结 / 082

课后笔记应该怎么记？ / 088

如何补充课堂笔记 / 089
如何在课堂笔记后做课后总结 / 090

这样记笔记，让网课效果事半功倍

101

上网课，该不该记笔记？ / 102

网课和学校课堂的区别 / 102
记笔记，是告别网课学习"伪勤奋"的关键 / 104

网课学习，该如何记笔记？ / 106

内容全面，条理清晰，重点突出 / 106
心中有数，把握节奏 / 107

错题笔记：教你省时省力记错题

119

为什么要记错题笔记？ / 120

为什么要做题？ / 120
为什么会出错？ / 122
打造独一无二的习题册 / 122
常见的"无效错题笔记" / 124

错题笔记上应该记什么？ / 126

记录错题题目 / 126
记录错解 / 127
记录错因 / 127
记录正确解法 / 129
经验归纳，避免下次犯错 / 129

高效省时的错题笔记妙招 / 131
先做页面规划 / 131
擅用彩色笔标记 / 135
多用活页专题整理 / 136
巧用电子错题笔记 / 137

错题笔记回看：让错题笔记的效用最大化 / 138

手把手教你记读书笔记

143

为什么要记读书笔记？ / 144

读书笔记记什么？ / 147
积累作文素材的笔记要点 / 147
提升思维水平的笔记要点 / 148

把控三个环节，做好读书笔记 / 152
阅读前，用两个问题确定读书目标 / 152
阅读中，高质量摘抄 / 153
阅读后，这样总结归纳 / 155

你真的会记笔记吗?

什么是"好"笔记?

高分笔记法,科学易用的好笔记

"好"笔记让你的头脑更聪明

你真的会记笔记吗?

成绩好的诀窍说到底很简单,无非就是把所学的知识融会贯通,使其成为一张系统的知识地图,可以举一反三,事半功倍地学习。记笔记就是这样一件帮助我们梳理知识系统的事情,虽然我们都知道、也都在做,但是却经常做不到位。

记了笔记≠会记笔记

很多同学都在记笔记,即使不敢说擅长记笔记,也很少会质疑自己记笔记的能力,可是请认真问问自己,你真的会记笔记吗?

◎ 是不是记笔记的时候,只会跟着感觉走?是不是看见其他同学都在埋头苦写,为了不成为被老师盯上的"异类",所以才赶紧依葫芦画瓢？

◎ 是不是对"抓取重点""有的放矢"毫无概念？是不是为了省心省事，上课不动笔，等到下课再狂抄学霸的笔记？

◎ 是不是觉得老师课堂上讲的都能在资料上找到，相信自己上课已经听得明明白白，所以根本不需要记笔记？

如果你已经掉进了上面这些"坑"里，说明你过去只是记了笔记，但根本不会记笔记。

对记笔记的三大认知误区

对于记笔记，有很多诸如此类的错误认识，可概括为三个认知误区。

误区一："照抄照搬"——老师写什么，就记什么。

"老师讲、埋头记、复习背、考试仿"是很多同学的学习模式，老师写什么就跟着抄写下来，一个标点也不落下，于是笔记就成了教学实录，满满当当的文字让人看似很有成就感。

可是这种记笔记的方法实际上有很多弊端。因为担心错过重要的知识点，所以不放过老师写的任何东西，想着以后记不清时还可以回头看。但是，这样的想法会让我们对自己不理解的东西不再认真思考。囫囵吞枣，只会让问题越积越多，导致"消化"不良，最终跟不上课程。

而且，只顾抄写就会让我们没时间听课，但其实老师讲解和分析的过程才是课堂重点。不经过思考的抄写就只是在"搬运"知识，而不是理解并消化了知识。

此外，不停地抄写也会分散我们的精力，写的速度赶不上老师讲的速度，反而会漏掉很多知识点。我们记笔记的本意是为了帮助自己学习，如果反而对学习形成干扰，那就完全没有必要做这件事了。

误区二："一劳永逸"——记完就完了，不回顾整理。

很多同学记完笔记后随意丢放，从来不会再看第二遍，这时候笔记就成了"临时"记录。这样的情况通常发生在下面这两类学生身上：

一类是"易忘型"学生。记笔记的时候心里还计划着课后要及时回顾，可直到下节课开始、马上就要用到笔记本的时候，才想起来还没复习。这是非常典型的缺乏良好学习习惯的表现。

另一类是"抵触型"学生。笔记写得太多了，或者太随意了，没有进行整理、浓缩和思考，乱糟糟的一大堆，自己都不想看。

不及时回顾笔记，会让我们陷入学习的泥沼。 人的记忆是遵循一定的遗忘规律的，如果不及时回看，不懂的知识点就得不到及时解决，懂的知识点又会被渐渐遗忘，长此以往，问题越积越多，我们也会对知识越来越恐惧，对笔记越来越陌生。而且，很多时候为了跟上老师的思路，我们在记笔记的时候会有遗漏、简写的地方，还会有暂时记在边角处的各种小知识点，如果不及时回顾和整理，笔记会越来越乱，自己也就越来越不愿意再翻开了。

如果我们留心观察、积极询问，会发现大多数学霸的共同经验之一，就是把自己的笔记变成自己的"学习档案"和最重要的复习资料，反复翻看、补充和改进。甚至在临近考试的时候，根本不用再翻看课本和练习册，只复习自己的笔记就足够了。

误区三："颜值第一"——笔记越漂亮越好。

有些同学心里会有这样的疑问："笔记写得漂亮的人，学习就好吗？""网上看到很多色彩缤纷、设计感满满的笔记，很好看，但是非常耗费时间，我也要这样做吗？""有些同学的笔记可好看了，如果拥有那样的笔记，我肯定愿意反复翻阅吧？"

漂亮的笔记的确很吸引人，但和成绩好坏没有直接关系。有的同学花费很多时间设计笔记，是为了让它的条理性更强，重点更加突出，这样复习起来会更加高效，有助于提升成绩；但也有的同学花大量时间设计笔记，仅仅是为了让笔记看起来更漂亮而已。没有经过及时思考和深度加工的笔记，就算再好看，也是没有用的。那些原本应该用来巩固知识点的时间也会因此被浪费掉，这属于本末倒置的行为。尤其对于正处于备考阶段的同学来讲，把那么多的时间花在笔记本的"颜值"上，除了自我麻痹、暂时躲避焦虑情绪以外，没有任何作用。

追求"美"的笔记没有问题。不过对于初高中的同学来说,"美"应该是手段,而不是目的。我们可以为了让思路更清晰、让笔记复习起来更舒心而追求"美",但不要为了美而美。"美"是次要的,而不是主要的,在有限的时间里,我们首先要追求的是实用性,在此基础上,如果有时间、有精力,再考虑"锦上添花"地美化笔记。

讲到这里,大家可以自我检视一下,有没有把笔记当成教学实录、临时性的记录,或者仅仅是一件美物呢?

之所以会有这三个认知误区,其实是因为我们没有想明白为什么记笔记、应该记什么样的笔记。高效的方法背后的逻辑总是相通的,每个学生都需要科学的指引。要想找到记笔记的科学方法,首先必须知道下面这两个问题的答案:

笔记到底是用来干什么的?
好的笔记到底是什么样子的?
在下一节,我们一起寻找答案。

什么是"好"笔记?

了解了三种认知误区,是不是觉得自己也有类似的问题?我们要始终记得,笔记本只是给自己看的,不是为了作秀,也不是为了炫耀,更不是一件应付了事、蒙混过关的苦差事。

那么问题就来了,我们记笔记的目的到底是什么?到底什么样的笔记才能算作是好笔记呢?

记笔记的目的

记笔记是为了收集信息,还是为了获取知识呢?

在回答这个问题之前,我们需要先思考一下,知识和信息之间的差别是什么。事实上,我们每天接触到的大量信息,都不能算是知识。比如，马路边的广告牌、网络上一闪而过的新词、同桌讲的八卦等，这些会通过图像或者声音的方式传到我们的大脑里，但是对于其中大部分的内容，我们都不会进行特别深度的思考，也许睡一觉醒来就完全忘记了。对于有些信息，如果不进行进一步加工，虽然暂时会保留在头脑里面，但是非常容易和其他内容混淆起来，加上大脑"强大"的遗忘功能，时间一长，大都会被忘得一干二净。因此，只有经过深度加工和思考之后，信息才能变成知识。

事实上，如果把信息当作知识，把记录当成理解，把阅读当成思考，不提炼总结，不回顾整理，不深入思考，即便在笔记本上记录再多内容、花费再多心思也是没有用的，因为我们没有掌握记笔记的本质！

那么记笔记的本质是什么呢？记笔记绝对不仅仅是一个记录的过程，而是**对外界信息进行加工、思考和内化的过程**。对照前文的"认知误区"，那些照抄照搬、不及时回顾、流于形式的笔记，无一不与记笔记的本质相背离。

笔记的功能是辅助大脑更有效地学习。换句话说，记笔记的目的，就是为了帮助自己更有效地加工、思考和内化外界的信息，从而更高效地学习。因此，衡量一份笔记是不是足够好，要看它是否能够帮助我们有效思考以及有效学习。

不利于高效复习的笔记

有些同学的笔记，不利于高效复习，主要包括以下三种类型：

第一种，标记混乱的笔记。

有的同学喜欢用一些特殊符号来表示一定的含义，比如用"*"表示很重要，用"@"表示知识的出处。这个习惯非常棒！

但是，很多同学使用这些符号的时候会过于随意，相同的符号在不同的位置代表了不同的含义，而不同的符号在不同的位置却代表了相同的含义。

比如，一会儿用"！"表示需要注意的事项，一会儿又用"#"表示注意事项；"？"一会儿表示对某个知识点有疑问，一会儿又表示某项内容有待补充。

过段时间再翻看的时候，你还能知道当时为什么在这里标记了符号吗？还能很快找到所有被标记过的重点吗？当然是不能的。因此，这样的标记，也会变得毫无意义，只是多此一举而已！

例如，在下面的笔记中，"##"所代表的含义就非常混乱。

第二种，颜色运用混乱的笔记。

我们记笔记的时候，除了使用黑色中性笔外，通常还会搭配着蓝色中性笔、红色中性笔一起使用。有些同学比较喜欢漂亮的

一、分数的意义和性质
1. 分数的含义
（1）具体的数（带单位）：总数/份数。
（2）两数的关系（通常不带单位）：一个数占另一个数的几分之几。
例：把6米长的绳子平均分成7段，每段长（6/7）米，每段是这个绳子的（1/7）。
2. 分类
（1）真分数：分子比分母小的分数。
（2）假分数：分子比分母大或分子和分母相等的分数。
（3）带分数：整数带着一个真分数。
3. 性质
分数的分子和分母同时乘或者除以相同的数，分数的大小不变。
注意：0除外。

笔记，还会用到各种颜色的荧光笔。用不同的颜色代表不同的含义，能够让笔记的重点内容一目了然。比如，用黑色中性笔进行常规记录，用蓝色中性笔写一些重点内容、关键概念，用红色中性笔记录易错点和注意事项。这样的笔记习惯是特别好的。

不过，在一页笔记里面，经常会出现颜色五花八门、令人眼花缭乱的情况，甚至在一些笔记里面，几乎每个字、每句话都用荧光笔加以强调。这样做是完全没有必要的，所有内容都被强调，就等于所有内容都没有被强调。而且颜色太多，以后再翻出来看，很难知道当初这样标记代表了什么。

如果用同一个颜色代表不同的含义，用不同的颜色代表相同的含义，就会和标记符号乱用一样，导致标记的含义模糊不清，没有任何价值可言!

第三种，逻辑混乱的笔记。

内容本身的逻辑性、内容与内容之间的逻辑关系，都是要在笔记中体现出来的。这样的笔记才会有条理，呈现出的整个知识结构才能使人一目了然，快速抓住重点。如果笔记缺乏逻辑性，那么不仅说明你在记录时大脑很混乱，还意味着之后你对这块知识的理解会继续混乱下去。你再翻开这样的笔记时，很可能已经完全看不懂了。

例如，在下面的笔记中，你能说清楚画"＿＿"下划线的文字之间的逻辑关系是什么吗？画"～～"下划线的文字之间的逻辑关系呢？

一、分数的意义和性质
1. 分数的含义
 (1) 具体的数（带单位）：总数/份数。
 (2) 两数的关系（通常不带单位）：一个数占另一个数的几分之几。
例：把6米长的绳子平均分成7段，每段长(6/7)米，每段是这个绳子的(1/7)。
2. 分类
 (1) 真分数：分子小于分母的分数。
 (2) 假分数：分子比分母大或分子和分母相等的分数。
 (3) 带分数：整数带着一个真分数。
3. 性质
分数的分子和分母同时乘或者除以相同的数，分数的大小不变。
注意：0除外。

什么样的笔记，才算是好笔记

既然如此，那么什么样的笔记才算是"好"笔记呢？换句话说，衡量一个笔记帮助我们有效思考、有效学习的依据是什么呢？**答案就是笔记的"再现性"。**

笔记的"再现性"，是指隔一段时间后，再翻开还能够迅速看懂的特性。如果在第二天、第三十天，甚至一年后翻开，还能迅速看懂，那么这个笔记的"再现性"就是高的！

高再现性的笔记，往往具备三个特点。

第一，形式上简洁清晰，格式统一。

整体统一的视觉呈现，不仅仅是为了让笔记看起来更整洁、更美观，还为了帮助我们快速抓住要点，明白整个笔记页面的重难点在哪里、结构是怎么分布的，快速定位每类知识。比如，这节课的标题是什么，有几个要点；注意事项有哪些、在哪里；疑难点有几个、在哪里等。为了让视觉效果统一，我们的笔记需要：

◎ **字迹整洁。** 不需要把字写得多么好看，但是一定要确保自己能够顺畅地识别出来。

◎ **留出空间。** 笔记不能密密麻麻，过于紧凑，一定要留出空白。页面的边缘要留白，段落之间不能过于拥挤，字和字之间也不能过于紧凑，否则影响辨认。

◎ **保持三色**。整个笔记本上出现的颜色不要超过三种，每种颜色要有固定的作用。比如，黑色笔用来进行常规记录，蓝色笔用来记录关键词、定义或概念；红色笔用来标记重点、突出注意事项。严格按照同一个标准来使用。需要特别注意的是，红色一定要少用，除非是重中之重，否则不要动用红色笔。另外，在使用三种颜色的笔记录时，需要注意格式的统一：或者用蓝色笔、红色笔直接写字，或者用蓝色笔、红色笔画框线。注意不要杂糅使用，避免既用带颜色的笔写字，又用来画框，否则格式上会过于混乱，不好识别。

◎ **多用编号**。用一二三、123、（1）（2）（3）等数字编号是一个特别好的记笔记习惯，不仅会让视觉效果更好，还会让笔记更有条理。下面笔记中的序号就很清晰地标出了层级关系。

一、分数的意义和性质

1. 分数的含义
（1）具体的数（带单位）：总数/份数。
（2）两数的关系（通常不带单位）：一个数占另一个数的几分之几。
例：把6米长的绳子平均分成7段，每段长（6/7）米，每段是这个绳子的（1/7）。

2. 分类
（1）真分数：分子小于分母的分数。
（2）假分数：分子比分母大或分子和分母相等的分数。
（3）带分数：整数带着一个真分数。

3. 性质
分数的分子和分母同时乘或者除以相同的数，分数的大小不变。
注意：0除外。

◎ 规划页面。如果条件允许，可以试着规划一下页面，思考一下哪些内容和知识点要放到哪个位置上去。这样对整个页面的内容情况都会更有了解。如下面的笔记页面就规划了不同内容的位置。

```
┌─────────────────────────────────────┐
│              标题                    │
├──────────────────┬──────────────────┤
│    主要内容       │      疑点        │
│                  │                  │
│                  │   关键内容概括    │
├──────────────────┴──────────────────┤
│              总结                    │
└─────────────────────────────────────┘
```

◎ 擅用符号。△、□、!、#、〜〜〜都可以代表特定的含义，比如，标记公式重点、画出生字生词、标明背诵句式等，可以灵活设计专属于自己的符号含义，然后把这个规则写在笔记的首页，并严格按照这个规则使用符号。

```
△：重点字词
□：生字生词
〜〜〜：优美好句
→：逻辑上的指向
```

◎ 标题醒目。笔记的标题是非常重要的，通常和书里面的章节相对应。一定要单独占一行，写在页面中间，字体要更大一些，也要采用合适的方式加以强调。比如，在标题左边用红色笔标记一个大一些的符号，或者贴一个小的卡通贴纸。

● 1.2 什么是"好"笔记

◎ **图表多样。** 要灵活地在笔记中画图和表格,以帮助自己整理思路。各种图都可以画,只要能够把知识点更清晰地呈现出来就可以。比如,楼梯图、思维导图、金字塔图等,有一个前提是,图要尽量整齐。

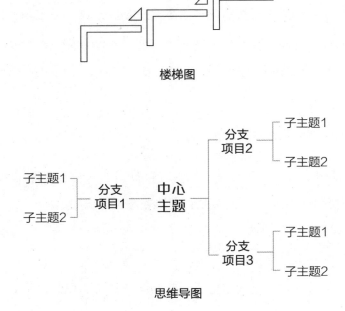

楼梯图

思维导图

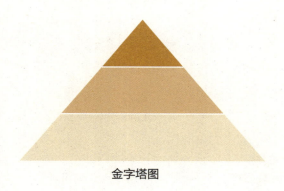

金字塔图

第二，内容上条理清晰，突出重点。

除了在形式上要整齐统一外，笔记还需要在逻辑上保证条理清晰。这是保证笔记具有"再现性"的第二个要点。

（1）**记录顺序要按照统一的逻辑开展**。比如，按照知识之间嵌套的逻辑性开展，按照事情发生的先后顺序开展，按照重点在前、非重点在后的顺序开展，按照前提、分析、结论的顺序开展，等等。

以记录一次经历为例。

（起因）周一早上7点，我骑着自行车，开开心心地去上学，一路上看到了很多美丽的风景，期待着今天的新知识。

（经过）可是突然，自行车的车轮好像出现了故障，开始左右摇摆，刹车也不太灵敏了。好巧不巧，就在这时，一位老人迎面过来，眼看就要走到我旁边了。我当时吓坏了，紧急之下立马掉转车头，朝路边骑过去。

（结果）幸亏没有酿成大祸，不过我把脚崴了。

以这样的顺序记录，就会比较清晰，因为有明显的时间线，是按照事情的发生顺序开展的。

通常来讲，老师的讲述顺序、书里面各个章节的顺序，本身就会按照知识点之间的关联性呈现出一定的逻辑关系，所以无论是记课堂笔记，还是记读书笔记，我们都可以参照老师的讲解顺序或者课本的章节安排，依次把知识点记录下来。

（2）内容之间的逻辑关系要清晰。两个知识点之间是交叉关系、并列关系，还是包含关系，都应该清楚明白地体现在笔记上。

◎ **交叉关系**：如"女孩"和"学生"。有的女孩是学生，有的女孩不是学生；同样，有的学生是女孩，也有的学生不是女孩，这种关系就叫作交叉关系。

◎ **并列关系**：如"女生"和"男生"、"黑色"和"红色"，属于同一层级，但相互既不包含，也不交叉。

◎ **包含关系**：如"人类"和"女性"，人类包含所有女性。

一、分数的意义和性质

1. 分数的含义　　　　　　　　　　　　　　　　　内容①
（1）具体的数（带单位）：总数/份数。
（2）两数的关系（通常不带单位）：一个数占另一个数的几分之几。
例：把6米长的绳子平均分成7段，每段长（6/7）米，每段是这个绳子的（1/7）。

2. 分类　　　　　　　　　　　　　　　　　　　　内容②
（1）真分数：分子小于分母的分数。
（2）假分数：分子比分母大或分子和分母相等的分数。
（3）带分数：整数带着一个真分数。

3. 性质　　　　　　　　　　　　　　　　　　　　内容③
分数的分子和分母同时乘或者除以相同的数，分数的大小不变。
注意：0除外。

以上面的笔记为例，"一、分数的意义和性质"和"1.分数的含义"就是包含关系，"1.分数的含义"和"（1）具体的数"也是包含关系。如下文的笔记中"一、水果"和"1.苹果"的关系。

"1.分数的含义"和"2.分类""3.性质"三个标题是并列关系，从属于"分数的意义和性质"这个主题，正如"1.苹果"和"2.葡萄""3.香蕉"这三个并列关系的内容，共同构成了"一、水果"的整体内容。

"例：把6米长的绳子平均分成7段，每段长（6/7）米，每段是这个绳子的（1/7）"是为了说明"1.分数的含义"，而不是"2.分类"。

> 一、水果
>
> 1. 苹果　　　　　　　　　　　　　　　　　　　内容①
> （1）颜色：熟了的是红色，不熟的是青色。
> （2）形状：圆圆的，上下都凹下去一个小口。
>
> 2. 葡萄　　　　　　　　　　　　　　　　　　　内容②
> （1）红提：果穗大，果皮为紫红色，果皮中厚，容易剥离。
> （2）黑提：呈长圆锥形，果皮为蓝黑色。
> （3）金手指葡萄：呈长圆锥形，果皮为黄白色。
>
> 3. 香蕉　　　　　　　　　　　　　　　　　　　内容③
> 芭蕉科芭蕉属植物，又指其果实，在热带地区广泛种植。

对照上面笔记中"红提"和"黑提"的位置和关系，请大家思考一下，"真分数"和"假分数"是什么关系呢？

（3）用统一易认的方式将重点标注清晰。突出重点也是让条理更加清晰的一个要点。重点包括关键词、公式、核心概念等，要用统一、鲜明的方式标注出来。具体用什么样的方式凸显重点，可以参照前文提供的各类符号。

第三，操作简单，容易上手。

除了形式上要整齐统一、内容上要条理清晰以外，笔记要想具备高"再现性"，还要保证第三个要点——操作简单，容易上手。

只有容易操作的笔记，才不会让人望而却步；也只有容易操作的笔记，才可能帮助我们把整齐的形式和清晰的内容都坚持落实下去。试想一下，如果笔记操作起来无比复杂，每次都要花费很多时间，我们是很容易放弃，或者省略步骤、随心所欲地记录的，那么笔记的"再现性"又该如何保证呢？

所以，一种高"再现性"的笔记，一定是操作简单的。没有太多的规则约束，没有过多的符号、颜色，也不会有特别复杂的框架。无论是不是学霸，都能轻轻松松地上手操作，只要拿起笔来就能做。能够帮助自己思考、内化、厘清思路的笔记，才是好笔记。

当我们的笔记具备了以上这三个特点，就是拥有高"再现性"的好笔记。坚持的时间越长，大家就越能感受到这种高"再现性"笔记的好处。

这些特点不仅仅是几个抽象的要点，更是一些标准，能够帮助我们在记笔记的过程中主动地进行学习；能够帮助我们在充分思考之后，将内容更具条理化地呈现出来；能够让我们对知识框架有更加清晰的梳理；一些标准化的使用习惯也能节省我们的精力。也就是说，当我们再重新回过头来看这些笔记的时候，笔记上统一的格式和符号，能够让我们迅速地把很久以前的知识捡起来！

高分笔记法，
科学易用的好笔记

明确了"为什么记"，才知道"怎么记"

只了解好笔记的标准是不够的，我们还要根据目的的不同，选择最恰当、最匹配学习目的的记笔记的方法。这一点就是高分笔记法的核心要点。

大家可能看到过市面上有很多分享"怎么记笔记"的书籍，会介绍各种各样记笔记的方法。但是，似乎我们看完以后还是学不会。这是因为，这些笔记法只是告诉了我们一些标准而已。但究竟要怎么使用这些标准呢？我们是不清楚的。

高分笔记法和市面上这些笔记法最大的不同就是，它不仅会告诉大家该怎么记，还会告诉大家记的目的是什么，具体要记什么。

更具体地讲，高分笔记法包括了"为什么记（目的）—记什么（内容）—怎么记（方法）"三大环节。这就是高分笔记法最独特的优势！

事实上，如果不知道为什么要记、记什么，我们其实是很难知道该怎么记的。

比如，到底是该边听边记，还是先听讲、课后再记呢？

课后复习的时候，只要看一遍笔记就好了，还是要再重新梳理一下呢？为什么过了很长时间，学霸还能想起来这些知识，但差生就已经都忘了呢？

记错题的时候，是把错题抄下来，还是在出错的试卷上做标记就好？

记读书笔记的时候，是大段落抄下来，还是选出重点？

到底该怎么记才能帮助我们提升成绩、学得更好？这和我们记笔记的目的是密切相关的。如果不明白为什么要记笔记，虽然记了很多，但是我们的学习效果反而会很差。那些上课只顾记笔记，总是错过课堂重点的学生，课后从来不会打开笔记的学生，记读书笔记只知道原原本本大段落抄下来的学生，一定都没有想过，或者没有想明白这些问题：

◎ 为什么要在课堂上记笔记？不记笔记难道不行吗？

◎ 为什么在课后还要再看笔记？不看又有什么关系呢？

◎ 为什么要记读书笔记？如果以后想看，再把书找出来不就行了吗？

三大环节的独特优势

高分笔记法就是要告诉大家，在不同的情景下，我们记笔记的目的是什么，到底要记什么，然后再手把手教大家怎样记出学霸笔记。

首先，"为什么记—记什么—怎么记"这三个环节能帮我们加深对笔记功能的思考，从而让我们获得更好的学习效果。

举例来说，当我们记错题笔记的时候，我们的目的是什么呢？只是为了把错题标记出来吗？还是方便以后随时回顾呢？其实，之所以记错题笔记，是为了让我们以后不要在同样的知识点上再出错。明白了这一点，我们就会通过一道错题，思考它到底考查的是什么知识点，我们的思路到底哪里出现了问题。经过这样的思考以后，就能掌握这一类题目。

试想一下，当我们能从一道题的错误中学会一类题的解法时，别人还在忙忙碌碌、一道一道地抄错题呢，我们的学习效率是不是会更高一些呢？

再以记课堂笔记为例，我们记课堂笔记的目的又是什么呢？是把老师讲的话都记下来，还是把知识点都吸收到大脑里？其实，我们记课堂笔记，是为了帮助自己对老师的话进行有效思考的。

因此，我们需要掌握一些速记的方法，用更短的时间、更便捷的方式把老师的话记录下来。

当我们已经快速将笔记记录下来，认真听老师分析的时候，别人却还在埋头一个字一个字记老师的讲述，我们的学习效率是不是也更高呢？

其次，这三个环节能够帮助我们把握好重难点，详略得当。

在课堂上，是不是需要把老师讲的内容都记下来，把板书都抄下来呢？

课堂结束后，是不是要把所有的知识点都默写一遍，才能起到复习的效果呢？

看书时，那么厚的一本书，该把哪些内容记在笔记本上呢？

如果我们知道在不同的情况下该"记什么"，这些问题也就迎刃而解了。当我们用半页纸就把重点、考点都记录下来了，别人却记录了好几页完全不重要的知识点，当然我们的笔记更具有参考性。

所以很多人会发现，在考试前哪怕只是借用学霸的笔记稍微复习一下，都能更轻松地应付考试。因为重点和考点都在上面了！也有很多勤奋的学生，虽然笔记记得满满当当，成绩却不理想。可见，抓住重点也是一种学习能力！

再次，这三个环节能让我们对记录方法了然于胸，效率更高。

知道了记录的目的、记什么以后,我们就可以根据记录的目的找到合适的记录方法了。在预习时,我们可以使用更快速高效的方法熟悉知识点;在课堂上记笔记时,我们可以使用更多速记的技巧,在不影响听课的情况下,把笔记及时记录下来。和目的匹配的记录方法,能够让我们的效率变得更高,思路更加清晰!

最后,它能够充分激发创意,让每个人都能开启学霸模式。

大家要明白,记笔记这件事,并不是去刻板地模仿别人的方法,因为有些方法可能在某些情况下好用,但在另外一些情况下却不够顺手;可能适用于一些人,对另外一些人却不适用。比如风靡全球的"康奈尔笔记法",有的人会觉得这个方法非常好用,特别有效果,但有的人就是用不习惯,也感受不到它到底有什么优势。

事实上,围绕笔记的目的,有成千上万的好方法,而且,永远可以找到更好的方法!只要明确了目的,围绕着目的思考怎样把笔记做好,就不会被别人的笔记法限制住头脑。这时候,我们就可以发挥自己的聪明才智,想出无限的创意,成为下一个更好的笔记方法的发明者。

在后面的分享中,当我们把高分笔记法和大家熟悉的学习场景结合起来,手把手教大家记笔记时,大家就会更加切切实实地感受到高分笔记法的巨大优势!

为什么你的预习没有效果?

预习时,应该重点记录什么?

预习环节这样记,学习轻松又高效

预习笔记这样记,学习轻松又高效

为什么你的预习没有效果?

预习环节常见的错误"姿势"

请回答这样一个问题:你平时预习吗?你是怎么预习的呢?

让人感到意外的是,有好多同学其实是从来都不预习的,还有不少同学是在盲目预习,甚至很多高分学霸也存在这样的问题。

如果你属于从来不预习的那一类,请在这里暂停几分钟,想一想是什么原因。是觉得预习完全没有价值,还是以前预习过,但是看不到效果?或者是不知道该怎么做?

如果你有预习的习惯,也请稍微暂停在这里,回想一下自己每天会在预习上花多长时间,对于预习是否有自己的一套方法;在预习的时候对新的知识点是细嚼慢咽,还是浅尝辄止?在遇到难题的时候是努力思考，还是放在一边？

　　有相当一部分学生，虽然每天都在坚持预习，但总是不可避免地出现"过粗"或"过细"的问题。具体来讲，有的人在预习的时候只是浮光掠影、走马观花，只看不记，也不思考，对新内容的基本思路和重点、难点完全不留心，预习也就毫无效果；有的人花很多时间预习自己喜欢的科目，以至于觉得课上已经没有什么可听的了，这会降低听课的积极性和注意力。预习过细，也许对某一门学科的学习有帮助，但如果挤掉了其他学科的学习时间，则非常得不偿失。

　　可能有的同学就不服气了："我身边就有很厉害的学霸，他们根本不预习，或者预习完全没有章法，但成绩还是很好啊！"殊不知，这些能在课堂上吸收掉大部分知识的学霸们，专注力、思考力、知识基础都很好，但并不是所有人都能做到这一点。不预习不一定就是学渣，预习了也不能保证一定会成为学霸，但预习能够让我们的课堂学习更高效。我们经常忽略，但却很重要的一点是，预习能够锻炼我们的独立思考能力。试想一下，我们离开学校、离开课堂后，没有人再把知识嚼烂"喂"给我们，面对新的知识和技能难道只能束手无策？所以千万不要用"学霸"的个例来反驳预习能够带来的普遍效果。

　　其实，不管是不预习，还是缺乏方法的盲目预习，背后的原因都是相同的，那就是既不知道预习的价值，也没有想明白预习的目的。

预习的价值和目的

完整的学习过程包括预习、上课、整理笔记、做作业四个环节。作为学习的第一个环节，课前预习是提高学习效率的有效途径！通过课前预习，我们可以对将要学习的知识做到心中有数，知道哪些内容自己能够弄懂，哪些内容还没有弄懂。这样，听课的时候就可以集中精力去听那些没有弄懂的部分，整个听课的过程就会变得更有针对性。而且，预习时，通过独立阅读、独立思考，可以锻炼自己发现问题、解决问题的能力，在独立接受新知识的过程中，我们的自学能力也会逐步提高。也正因为我们在预习的时候已经对知识做了独立思考，听课的时候就可以进一步加深理解，这样比单纯依靠听课获得知识的印象更深刻。对于任何一个学习者来讲，预习都能够达到事半功倍的效果。

我们预习的目的是为了把所有的重难点都逐一攻破吗？当然不是啦！否则我们也就不需要再浪费时间听老师讲一遍了。预习其实是一个性价比极高的学习活动，换句话说，在预习上面付出的时间、精力，与收益相比是值得的。但在预习时间上要把握好度，不要贪多贪细。

什么意思呢？如果我们花费太多的时间在预习这件事上面，那就是不值得的。充分的预习的确可以起到事半功倍的效果，但那并不意味着我们一定要在预习环节就把知识学透，因为预习只是学习新知识的初始环节而已。况且，预习的时间过长，就会挤占巩固已学知识的时间，这是本末倒置的。已学知识的基础还没打牢，就开启新知识的学习，必然会影响对知识掌握的牢固程度。

所以，对于预习笔记的正确认识是，用**最少的时间**，记录**最值得记的东西**，最大限度地帮助自己熟悉知识，推动后续的学习过程。

预习时，应该重点记录什么？

了解了预习的目的，十分推荐大家在预习的时候，把预习笔记记录到课本上。

在课本上记预习笔记，除了节省时间以外，还有助于我们更加熟悉知识点的位置。因为我们最初是通过课本来了解新知识的，在课本上记笔记会让我们对知识出现的位置更加熟悉。心理学中有一个关于记忆的经典概念，叫作"系列位置效应"，意思就是对知识出现的位置越熟悉，对知识本身就会越熟悉，因为位置会作为线索，让人联想到相对应的知识点。预习的过程侧重于对知识的熟悉，而非整理概括，所以记录在书上会更加高效。

那我们在预习的时候重点要记录些什么呢？其实结合以上的预习目的，相信大家大体上也能够概括出来了。无外乎以下两点。

对知识的理解和思考

这里的理解和思考，覆盖需要预习的全部新内容。因为我们是在已学知识的基础上来学习新内容的，如果不预习全部内容，只看重点，既不利于对于整体知识的把握，也不利于对重点的理解，反而会让预习效果不佳。以预习语文课文为例，我们尽量不要跳过新文章里的段落，而是要全文朗读，期间如果有任何一个字、一句话引发了我们的思考和更多想法，都可以记录在文章旁边。

标注新知识中的重难点

虽然在预习的时候不能够轻易放过任何新知识，但我们对于重点和难点还是要特别关注，标注清楚的。有意识地把更多的精力放在重难点方面，能够帮助我们在课堂上更好地跟上老师的思路。标注难点，也能够让我们在听讲的时候有所侧重，把更多注意力放到有疑问的地方，毕竟在 45 分钟的课堂里面全程保持专注是一件很困难的事情，我们最好能够把更多精力放在需要给予更多关注的知识点上面。

那么问题就出现了，老师还没讲呢，我们怎么知道哪里是重难点呢？其实每个新章节的开头和结尾部分都会有提示。以四年级语文上册的第一篇课文《观潮》为例，在文章结尾处列举出了一些生字，预习的时候要反复对照查看，重点掌握，之后还可以从读和写两方面用来自我检验。总之，这些字是本节课的重点。

除了生字以外,这节课还有哪些重点呢?课后习题可以给我们提供线索。《观潮》有 3 个课后习题。根据这 3 道题目,其实我们可以很明显地看到,3~4 自然段是全文的重点段落,描写钱塘江大潮的部分也是需要重点关注的。

◎ 有感情地朗读课文。背诵第 3~4 自然段。
◎ 说说课文是按照什么顺序描写钱塘江大潮的,你的头脑中浮现出怎样的画面,选择印象最深的和同学交流。
◎ 读下面这首诗,从课文中找出与诗的内容相关的句子。

浪淘沙

[唐] 刘禹锡

八月涛声吼地来,头高数丈触山回。
须臾却入海门去,卷起沙堆似雪堆。

其他科目也大致如此,重点内容在开头和结尾都会有所提示。我们可以紧抓这个线索,然后开展既全面,又能有的放矢的预习活动，把我们对新内容的理解以及根据线索确定的重难点都按照自己的方式，快速高效地标注在课本上。

当然大家也要明白，在具体的预习过程中，并不是说我们想到什么就在书上记录什么这么简单，是有技巧的。接下来会手把手教大家怎么灵活记录，把预习能够实现的效果最大化。

预习环节这样记，学习轻松又高效

记预习笔记包括两个步骤：一是确定每个科目的预习流程表，二是根据流程表在课本上做标注。我们来详细学习每个步骤的操作方式。

根据学科制订预习流程表

所谓"预习流程表"，其实就是把我们的预习过程流程化，并且把这个流程明明白白地呈现出来。这样做是为了方便我们用最高效的方法迅速完成预习，而且一旦熟悉流程以后，我们就可以不再借助这个表了。

制作流程表的重要性还在于，一方面让我们做到心里有数，熟悉每个科目的预习环节，有条不紊地根据自己的使用习惯不断完善预习过程。在还没开始预习新的课程内容时，就已经知道要重点关注哪个部分，明白自己习惯用什么样的符号标注重难点，整本书的标记都会特别清晰，一目了然。另一方面也有助于我们培养良好的学习习惯，在以后学习新知识时，能够根据不同的知识特点采取高效的预习策略。比如在升学之后，预习数学的基本流程技巧还都是能用得上的，而且会随着我们使用的熟悉程度不断完善。

不同学科有不同的预习侧重点，我们以语文为例来说明如何制作预习流程表。

语文的主要预习任务可以分成两点：一是对全篇课文的熟悉和理解；二是标注重难点，如生字生词和值得学习的好词好句。

下面我们就以掌握这两点为目标，制作一个预习流程表。推荐大家按照下面五个环节做好语文预习并完成预习笔记：

（1）**看**。在每个自然段前面用阿拉伯数字标出序号。

（2）**标**。大致浏览一遍课文。在浏览的过程中完成对生字和生词的标记。

◎ 对照课后提示，找出要求会写的生字，用统一符号（如"囗"）或红色笔标注。查字典理解字义，写在课本空白处。

◎ 用下划线"＿＿"标出课文中的新词（包括本课新出现的成语和不懂的词语），先联系上下文想一想词义，再查字典对照，写在课本的空白处。

（3）读。认真地把课文大声读一遍，争取读正确，读通顺，同时再次用下划线"＿＿"标出自己遗漏的生字、生词，并及时查阅。

（4）思。再默读一遍，把自己认为比较优美、值得借鉴的词语、句子用波浪线"～～"标出来。将不理解的词句或段落用红笔标上问号"？"。

（5）顾。带着课后问题再读一遍，补充标注遗漏的重难点。

然后我们把整个流程做成一张可参照的预习表。

语文预习表	
	预习时间：30分钟以内
看	本课文共＿＿个自然段 在每个自然段前用阿拉伯数字标出序号
标	本课文共＿＿个生字 对照课后提示，把要求会写的生字，用"□"标注。查字典理解字义，写在课文空白处
读	1. 朗读 认真地把课文大声朗读一遍，争取读正确，读通顺 2. 补充生字标注 用"□"再次标出遗漏的生字并及时查阅 3. 生词标注 用下划线"＿＿"标出课文中的新词（包括本课新出现的成语和不懂的词语），先联系上下文想一想词义，再查字典对照，写在课文的空白处

(续)

	语文预习表
思	1. 再默读一遍 2. 标注美句 把认为比较优美、值得借鉴的词语、句子用波浪线"〰〰"标出来 3. 将不理解的词句或段落用红笔标上问号"？"
顾	带着课后问题再读一遍，补充标注遗漏的重难点

我们再以数学为例进行说明。数学的主要预习任务可以概括成一点：对概念、公式的理解。为了在预习阶段就很好地理解这些新内容，可以把预习过程分为以下四个环节：

（1）读。这里的读就是通读课本上的内容。没错，就是要读，像读课文一样读。数学也是一样的，通读内容既可以加深对数学课本的理解，又可以在通读的过程中形成自己的解题意识。当然，最重要的是，在数学解题过程中，通读题目本身就是发现条件要素和形成解题思路的基础。很多题目读第一遍可能不会做，读第二遍就会有所突破，多通读几遍后，很可能就有了解题思路。所以通读也是学习数学非常好的方法，从小使用这种方法，今后的学习会事半功倍。

（2）标。在读的过程中，用统一符号，如下划线"＿＿"标出本课新出现的数学名词、概念、公式，并用配套练习例题来帮助理解。

（3）记。思考一小段时间后，如果还是不能理解，那就在旁边用红笔标记问号"?"。

（4）练。就是试着练习书后面的习题，检查一下自己的学习情况。发现练习中有不会的地方再回头查看一下书中的知识点或例题。预习阶段的练习，最重要的不是结果，而是思路。所以我们不必把每道题都算出来，而是在草稿纸上演练一遍，或者大致写写做题步骤，掌握解题方法就足够了。

数学预习表	
	预习时间：30分钟以内
读	通读数学课本上的内容
标	本课有____个关键概念 用下划线"____"标出本课新出现的数学名词、概念、公式，并用配套练习例题来帮助理解
记	本课还存在的困难是____ 思考一小段时间后，如果还是不能理解，那就在旁边用红笔标记问号"?"
练	试着练习书后面的习题，检查一下自己的解题思路

这里补充三个小的注意点：

（1）建议使用统一的标注符号。不同符号清晰地代表不同的含义，比如"□"代表生字，"?"代表困惑，这样有助于在课前迅速浏览和回顾笔记。

（2）预习时间要短。根据个人学习习惯来确定，如果内容不是特别难或者特别多，尽量把预习时间控制在 30 分钟以内。

（3）梳理流程的时候可以不必像上面那样详尽。只需要拿一张空白的草稿纸，把流程和会用到的符号大致写写画画即可，自己能够看懂就可以。

根据预习流程表在课本上做标注

做好流程表以后，我们就要严格按照流程表的各个环节和要求在书上预习和标注了。

大家是不是觉得制作流程表的过程很麻烦呢？其实并不是这样的。虽然第一次制作表格要花较长的时间，但这个过程可以把我们以前全凭直觉、无意识进行的预习行为清晰明确地梳理出来。我们可以一边按照自己设计的流程进行预习，一边根据实际情况调整、优化预习的过程，最终找到适合自己的预习方法！而且，一旦熟悉了整个预习过程，我们就可以熟练且高效地预习每个科目，不再需要表格啦！这样后面的预习过程其实会非常简单高效。

大家是不是迫不及待地想要动手尝试了呢？快来做一做吧！知识在实践中才能发挥更大的魔力，期待大家快速掌握预习的笔记方法！

记课堂笔记，不是为了抄板书
课堂环节，该记录什么？
课堂笔记这样记，让听讲更高效

课堂环节：帮你轻松记出学霸笔记

记课堂笔记,不是为了抄板书

通过预习环节,我们根据自己制订好的预习表,把课本上的知识都通读了一遍以上,把重难点也都标注了出来,并在笔记本上记录标题和用时。这个过程帮助我们提前对新知识进行了一个初步的了解。

到了课堂听讲环节,我们是否仍然要记笔记呢?这时候我们记笔记的目的是什么?又该重点记录什么呢?大家可以在这里暂停1分钟,想一想这个问题。

对课堂笔记的错误认识

提到课堂笔记,我们常常听到三种声音:

> 课上不应该记笔记，不然会分心的！

> 就记听不懂的就行了，听得懂的还记它干吗？

> 课上哪有时间思考？把老师讲的全抄下来再说！

要是大家也有这样的想法，那就需要再回顾一下记笔记的本质了：记笔记是对外界信息进行加工、思考和内化的过程。跟着老师的讲课进度提笔记录的过程，也就是跟随着自己的思路进行理解加工的过程。在这个过程里面，笔记就是辅助我们深度思考的工具。

错误认识给学习带来的三个负面影响

之所以存在上面的三种错误认识，就是因为没有正确理解记笔记的本质和记课堂笔记的目的。这些错误认识，会给我们的学习带来很多负面影响。

首先，如果觉得笔记让人分心，只听不记，那么思考就很难深入下去，而且以后也会很难进行回顾。

一节课上的知识点很多，不断出现的新知识点会打断我们对上一个知识点的思考和加工。同时，总是断断续续、停留在浅显层面的思考又会给我们一种"全都听懂了"的错觉，于是我们的大脑里面就会积攒许多模棱两可、根本没有吃透的知识。

就好像去了一家书店，琳琅满目的好书让人应接不暇，于是我们拿起这本看一看，拿起那本翻一翻，看似花了不少时间，翻了好多本书，但实际上都是囫囵吞枣、印象不深。

而且，每节课刚结束时，我们或许还能回想起上节课讲了些什么，但是学期过半或者临近考试的时候，就会毫不意外地发现前面的内容已经遗忘了大半！要是没有一本已经把知识点整理得特别好的笔记作为参照，想要通过翻看厚厚的课本，把一个个零散的知识点再拼凑起来，就会相当费力。

其次，如果抱着"先抄下来再说"的想法，全面照抄老师的板书，也是有问题的。

只记录不思考，反而会阻碍我们对知识的理解。大脑不参与思考，那就只能是老师写什么，我们跟着写什么，这些没经过大脑加工就落实到笔头上的知识，就好像没被充分咀嚼就要硬往下咽的饭菜，不能被很好地吸收。而且，一节课的内容那么多，老师写下来的只是一个框架，更重要的事情往往是老师对这个框架的解释。如果我们只是照抄了一个框架，即便课后及时回顾，理解可能也是不准确的。更糟糕的是，这些满满当当的笔记本还会给我们一种"我已经全都掌握了"的错觉。

例如，数学老师在讲路程问题的时候，讲到"甲从 A 地出发，乙从 B 地出发,各自到达对方起点后返回。二者第一次在 M 点相遇,第二次在 N 点相遇,则有结论 AB+BN=3AM,AB+AN=3BM,3AM+AN=2AB"时,如果我们只把结论抄下来,而没有思考老师的推导过程,那么课后我们看着这三个等式,就只剩傻眼了。

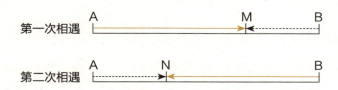

最后,如果只记录听不懂的内容,仍然会存在问题。

有很多知识点我们当时以为听懂了,所以就没思考、没记录,课后做题出错的时候可能才发现其实没真正听懂;还有很多知识点当时是理解的,可是时间一长就容易遗忘。"好记性不如烂笔头",如果不记录下来,后面回顾起来会很不方便。

更何况,知识往往不是一个个的点,而是一个网络,相互之间都是有联系的。如果只记录其中的一部分,对其他部分置若罔闻,又怎么能够发现它们之间的关系呢?

例如,当学到三角形内角和为 180°,四边形内角和为 360° 时,因为这两个数字记忆起来没有难度,所以觉得不必写下来。当学到五边形内角和为 540°,六边形内角和为 720° 时,开始觉得记起来有难度了,于是就写在笔记本上。

如果我们是这样记的，那么很可能时间一长就忘记了四边形内角和是多少了。而且，如果不记录下来做对比，就不太容易发现其中的规律：n边形的内角和是（n-2）×180°。

这三种情况都没有厘清笔记的本质，没有把笔记当作辅助思考和理解的工具，而是把它变成了障碍。

讲到这里，大家应该就能够感受到了，我们在记录课堂笔记的时候，需要始终平衡听讲、思考和记录这三件事，我们记录的目的就是在不影响听课的前提下边思考边记录，从而帮助自己更充分地理解知识。围绕这个目的，我们在课堂环节要重点记录哪些内容呢？

课堂环节，该记录什么？

要想在不影响听课的前提下，边思考边记录，我们需要记录以下四点。

记提纲

提纲就是有条理的内容要点，通常会用数字序号来表示内容层级。老师讲课的时候大多是有提纲的，并且老师会边讲边把备课提纲书写在黑板上。这些提纲反映了授课的内容要点，具有条理性，因而比较重要，应该记在笔记本上。

有时候，老师的教学板书有明显的数字序号和内容层级，而且全面准确地概括了关键要点。这时候提纲是很明显的，我们可以把这些内容要点都抄录在笔记本上。

有时候，由于教学内容和授课风格的原因，老师的板书没有明显的提纲序号，如图所示。

这种板书虽然没有明显的数字序号，但其实也是有提纲层级的。我们要明白其中的层级结构，然后直接把老师表现提纲的板书方式抄录在笔记本上，也可以自行提炼，换种表现方式。如下图就可以被整理成层次清晰的笔记结构。

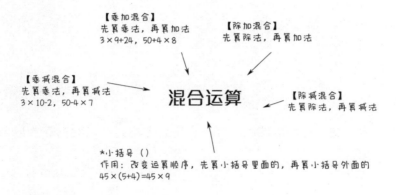

```
三．混合运算
    1.乘法混合
        （1）乘加混合
        （2）乘减混合
    2.除法混合
        （1）除加混合
        （2）除减混合
    3.小括号
```

记重点

重点包括对关键概念的解释，理解上的难点，以及老师补充的知识点、题型、解题思路。

其中关键概念和理解上的难点，我们在预习的时候应该已经标注过了，这也是上课要仔细听、记重点的内容。老师讲的时候，我们要边听边把这部分内容在笔记本上写下来。

同时还要记录老师补充的内容，勤记老师讲的解题技巧、思路及方法。老师的教学经验丰富，对于重点、考点有准确的把握，所以补充的内容一定是值得记录的。

不少学霸都有这样的经历，看上去毫不起眼、极易被忽略的知识点，老师却一再强调，还用了好多例子来辅助学生理解。考场上一看题目，心里忍不住感叹：老师强调的果然是重点，幸亏当时记下来了！

有一位同学就讲述过这样的经历：

老师在课堂上强调知识点：等周长的平面图形，边长越长面积越大，圆的面积最大，并举了一个例子来说明。他随手就在笔记本上写下："等周长，S 圆最大"，结果考试的时候考了这样一道选择题："正五边形和不规则的八边形等周长，谁的面积更大？"全班只有他一个人迅速做了出来。

以"分数"的知识点为例，我们可以这样标注重点：

一、分数的意义和性质

1. 分数的含义

(1) 具体的数（带单位）：总数/份数。

(2) 两数的关系（通常不带单位）：一个数占另一个数的几分之几。 ← 关键概念

例：把6米长的绳子平均分成7段，每段长(6/7)米，每段是这个绳子的(1/7)。

2. 分类

(1) 真分数：分子小于分母的分数。

(2) 假分数：分子比分母大或分子和分母相等的分数。 ← 补充示例

(3) 带分数：整数带着一个真分数。

3. 性质

分数的分子和分母同时乘或者除以相同的数，分数的大小不变。 ← 注意事项

注意：0除外。

记疑点

当我们对老师在课堂上讲的内容有疑问的时候，也应该及时记录下来。这类疑点有可能是自己理解不足、加工错误造成的，也有可能是由于老师讲课疏忽造成的，记下来便于课后查阅书籍，或者及时询问老师。

一、分数的意义和性质

1. 分数的含义

（1）具体的数（带单位）：总数/份数。

（2）两数的关系（通常不带单位）：一个数占另一个数的几分之几。

例：把6米长的绳子平均分成7段，每段长(6/7)米，每段是这个绳子的（1/7）。

2. 分类

（1）真分数：分子小于分母的分数。

（2）假分数：分子比分母大或分子和分母相等的分数。

（3）带分数：整数带着一个真分数。

> 假分数和带分数的关系是什么？

3. 性质

分数的分子和分母同时乘或者除以相同的数，分数的大小不变。

注意：0除外。

记补充细节

最后，还要根据老师在课程结尾的总结，及时补充一些小细节。我们要注意认真听老师的课后总结，每堂课结束时的总结往往浓缩了一堂课的内容，能够帮我们找出重点及各部分之间的联系，掌握基本概念，发现存在的问题，找到规律，对课堂内容融会贯通。

但是，我们不需要把所有的总结再记一遍，而是要跟着老师总结的节奏，回顾已经记录好的笔记。如果对笔记比较熟悉，就盖住笔记进行回忆，如果不熟悉，边翻看笔记边听老师讲也是可以的。一旦有老师总结时提到，但我们没有记录的重要知识点，就要赶快记录下来，或者做个小小的标注。

现在我们明白了在课堂上要记录的内容，分别是：记提纲、记重点、记疑点和记一些补充的细节内容。那么，记录提纲的时候要怎么做呢？疑点应该写在哪里呢？记录关键概念的时候需要注意什么呢？大家可以在下一节找到答案。

课堂笔记这样记，让听讲更高效

为了平衡听讲、思考和记录这三件事情，达到课堂笔记的记录目的，我们需要满足下述两个条件：

第一，要速记，尽量不影响听课。课堂笔记并不是写得越多越好，不需要一字不落地全都记上。相反，我们需要简明扼要，经过思考以后，利用短语、数字、图案等自己熟悉且生动形象的方式，把重点、难点、疑点等内容概括性地写在笔记本上。也正因如此，课本上叙述详细的地方就可以略记了。

第二，要全面、有条理，便于后续回顾和补充。虽然要速记，但知识点不能省略，而且要有条理性。记录的知识点多么有条理，就能看出我们的思路多么清晰。只有足够清晰，后续再翻开笔记的时候，我们才能够迅速回想起关键的知识点，快速厘清知识点之间的联系。

具体来讲，我们在记课堂笔记的时候主要包括下面五个步骤：

规划笔记页面

为什么要规划笔记页面？试想一下，在课堂上听讲的时候，老师站在讲台上滔滔不绝，我们坐在底下手忙脚乱，很容易把笔记写得一塌糊涂、混乱不堪。一会儿把标题记在左边，要点记在右边，一会儿又把标题穿插在要点里面，疑点也杂糅其中，完全搞不清楚哪些是疑惑点，哪些是关键点。这样的笔记怎么可能成为好笔记呢？显然是不能的。所以我们需要大致规划一下笔记的页面，这样在落笔之前就能清楚地知道即将记录的内容应该放到笔记页面的哪个位置。

这里强烈建议不要把整页笔记写满，最好在每页笔记左边记录提纲和课堂上的重点内容，把右侧 1/4 的空间预留出来，用于在相应知识点处记录一些疑点和补充细节。

章节标题	记录日期

• 提纲
• 重点
  • 关键概念
  • 示例
  • 解题思路
	疑点
	
	补充细节
	
	⚠ 课后复习时的重点总结、关键词提要、易错点标记也可以放到这里。

3/4	1/4

这块留白不仅课堂上用得到，在以后复习的时候还可以补充一些重点总结、关键词提要、易错点标记等。那个时候我们就能感受到这个部分的重要性了，所以千万不要因为担心浪费笔记本，就把这块区域用掉。

只需要对页面有一个大概的划分就可以，不需要追求精确。如果笔记本是那种方格纸，划分区域还是很好把控的；如果是横格纸或空白纸，大家也不用特意画一条泾渭分明的竖线，只需要找个大致位置，轻轻折一下就好，可以一次折一页，也可以几页一起折。

边听讲边记提纲

做好页面规划以后，我们就开始正式听讲啦！我们的提纲通常来自于老师的板书，有时也需要我们自己来提炼和概括。记提纲非常重要的一个原则就是，要保证条理清晰、逻辑一致。所以大家要掌握三个技巧。

（1）老师的板书要读三遍再记。大家在听课的时候，一般会先看一下黑板，再把黑板上的字照抄到笔记本上，不断重复这样的动作。"照抄"就是再来一遍，这个过程几乎用不到大脑。但是老师的提纲是他自己备课时提炼出来的，我们需要把它吸收成为自己的内容。要快速默读三遍，如果是一些专属名词，读三遍以后也差不多记住了；如果是一个要点，在心里默读三遍，就会对这个要点形成自己的简单概括。这个时候在本子上写下来的过程就相当于是第一次复习的过程。

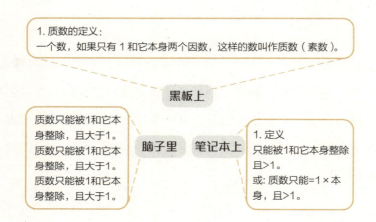

（2）落笔前注意不同层级的逻辑性。如果老师的板书有明显的层级序号，我们在抄写的时候也要注意到这一点，明确内容之间的逻辑关系；如果需要自己提炼提纲，就更要注意这一点了！如"一、二、三"这样的序号后面的内容隶属于同一逻辑层级，"（1）、（2）、（3）"后面的内容同样隶属于同一逻辑层级。

如下图所示，其中"一、质数""二、合数""三、质因数"属于并列关系，"1.定义"和"2.注意"属于并列关系，就好像苹果、橘子和香蕉的关系一样。"一、质数"和"1.定义""2.注意"之间则属于包含关系，就好像水果和苹果、橘子的关系一样。

黑板上

一、质数
1. 定义
一个数，如果只有 1 和它本身两个因数，这样的数叫作质数（或素数）。
2. 注意
(1) 1 既不是质数也不是合数。
(2) 2 是最小的质数，唯一的偶质数。
二、合数
1. 定义
一个数，如果除了 1 和它本身还有别的因数，这样的数叫作合数。
2. 注意
4 是最小的合数。
三、质因数
1. 定义
每个合数都可以写成几个质数相乘的形式，这几个质数就叫作这个合数的质因数。

脑子里

讲了三个概念：质数、合数和质因数。
质数下面讲了定义和注意点。
合数下面讲了定义和注意点。
质因数下面讲了定义。

笔记本上

用明确的序号呈现逻辑关系。
一、
　1.
　　2.
　　（1）
　　（2）
　　……

【想一想】

请用列提纲的方式把水果、苹果、蔬菜、香蕉、草莓、油菜、植物、动物列出来，要求符合逻辑性。

_____

_____

（3）形式上保持统一。

第一，要使用统一的层级序号。避免在这一页用"一、1、（1）"的方式，在下一页又用"1、1.1、1.1.1"的方式，到了下一章节又用"1、<1>、（1）"的方式，造成理解上的困难。整个笔记保持统一的符号并形成记录习惯，即便很长时间以后再拿起笔记本，也能够迅速地回忆起来，而且视觉上也会更加舒服。

第二，序号要标在统一的位置上。第一层级"一、二、三"和第二层级"1、2、3"是各占一行还是并列一行，顶格写还是各缩进两个字呢？这些都要形成固定的记录习惯，以保持视觉上的统一。"笔记是人的第二头脑"，笔记的层级结构是不是清晰，反映了头脑里面的逻辑是不是足够清楚。

第三，要用统一的颜色标记。如果第一层级用红色笔进行强调，就都用红色笔，用黑色笔就都用黑色笔。每个层级都是这样，不要乱用颜色。同样的颜色便于快速检索同一个层级的信息，这样立马就可以看出来这一页的层级结构，有助于理解整个内容框架。

形式上要保持统一，但具体使用什么样的形式可以根据自己的记录习惯自行设置。这个过程不是在课堂上才去思考的，而是在课前，最好是在新学期之前就设置好。想想整个笔记本都是用一套统一的记录形式，是不是感觉条理清晰、成就感满满呢？

① 采用统一的层级序号

错误示范 1：同一页内的层级序号形式不统一

```
一
  1.
    （1）
    （2）
（二）
  1.
    1.1
    1.2
  <2>
    2.1
    2.2
```

错误示范 2：页与页的层级序号形式不统一

第一节
```
一
  1.
    （1）
    （2）
二
  1.
    （1）
    （2）
  2.
    （1）
    （2）
```

第二节
```
1.
  1.1
    1.1.1
    1.1.2
2.
  2.1
    2.1.1
    2.1.2
  2.2
    2.2.1
    2.2.2
```

正确示范：每一页的层级序号形式均统一

第一节	第二节
一	一
1.	1.
（1）	（1）
（2）	（2）
二	二
1.	1.
（1）	（1）
（2）	（2）
2.	2.
（1）	（1）
（2）	（2）

②采用统一的位置

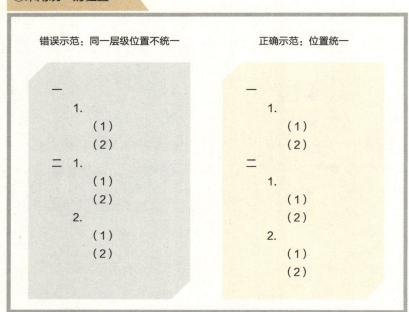

错误示范：同一层级位置不统一　　　正确示范：位置统一

考虑到课堂笔记需要跟上老师讲课的速度,所以建议使用最简便的层级符号[如一、1、(1)]、最快速的位置区分(如不空格、空一格、空两格)和最少的颜色(如统一用黑色笔)。这里请暂停5分钟,考虑一下自己想要设置什么样的记录规则吧!

> **【想一想】**
>
> 1. 你的课堂笔记想要使用哪种层级序号?(至少列到第4层级)
>
> _____
>
> 2. 想要设置的不同层级位置是怎样的?(至少考虑到第4层级)
>
> _____
>
> 3. 每一层级要用什么颜色的笔去记录?(至少考虑到第4层级)
>
> _____
>
> 请把自己设置的笔记规则记录下来吧!

记提纲的同时速记重点

除了记提纲外,就是记录重点知识了。这时候如果书写速度太慢,就会跟不上老师讲课的步伐,听课、笔记两相误。为了听和记两不误，必须提高书写速度！记笔记不必将每个字写得完完整整，要以清楚明了为指导方针，掌握速记技巧。常见的技巧有以下三种：

第一种，跳记。如果我们需要把整段话都原封不动地抄到笔记本上，但又来不及记录，就可以跳着记，保证下次能看懂就好了，课后可以再做补充。这种情况在文科类科目里面偏多，如语文、英语、历史等。如何跳记呢？迅速摘录下一段话中的关键词。举个例子：

原文：

鲁迅非常关心爱护青年。据不完全统计，他一生接待过来访青年五百多名，亲自给青年回信三千五百多封，关心过的青年更是不计其数。

跳记：

鲁__非__关__爱__青__。据不__统__，他一生接__来访__五百多，亲__给青__回__三千五百多__，关__过的青__更__不计__。

这个方法的关键在于，要确保跳记以后还能复原。所以，常见的可以跳记的内容包括：专有名词（比如人名、地名）；固定搭配和成语（比如踌躇、沮丧、彷徨、全力以赴等）。这时候可以把一部分字写出来，另一部分字省略，并空出足够的位置，以待后续补充。比如，想记录"鲁迅"时，就可以把"迅"省略，记做

"鲁__";"不计其数"可以记做"不计__"。

还有一种情况,虽然不是专有名词或容易推测的固定搭配,我们仍然可以跳记,那就是可以通过上下文推测出来的内容,就好像是做中文版的"完形填空"一样。比如,在记录"他一生接待过来访青年"时,省略"待",记为"他一生接__过来访青年",我们联系上下文,其实能够很容易猜出来空出的内容是什么。只要确保跳记以后还能复原即可。刚开始用的时候可能会有点麻烦,因为我们需要考虑该写哪个字、省哪个字,但多用几次下来就能够轻松掌握啦!

第二种,善用符号或简写。符号的运用在数学科目中可能会更多一些,比如"等腰直角三角形"记成"等直△","平行"记成"∥"等。

另外,在记录的过程中还可以设置自己的一些专属符号,比如用"!"表示需要注意的地方;用"*"表示重点内容;用"#"表示易错点等。这类用途的符号不用设置过多,尤其是刚开始设置的时候,有2~3个常用符号就足够了,太多容易造成混乱。

简写可以运用在那些重在理解、不需要完全复制的情况下,不管是一个词,还是一句话,都可以根据自己的理解概括式地简写,比如"平面直角坐标系"记成"平直系"。

为了帮助大家更好地理解,我们再来举几个例子直观地看一下吧!

例1

原文：直角三角形斜边上的中线等于斜边的一半。

符号记录：RT△ 斜中 =1/2 斜。

例2

原文：三角形的面积等于底乘高除以2。

符号记录：S△=（底 × 高）/2。

例3

原文：平行四边形的两组对边相等，两组对角相等。

符号+简写：▱ 对边、对角相等。

例4

原文：鲁迅非常关心爱护青年。据不完全统计，他一生接待过来访青年五百多名，亲自给青年回信三千五百多封，关心过的青年更是不计其数。

简写：鲁迅关爱青年：接待 500+，回信 3500+，关心 n+。

第三种，善用图形。 一个好的图形胜过很多文字和公式的描述，举例说明。

原文：直角三角形斜边上的中线等于斜边的一半。

记录：BD=AC/2。

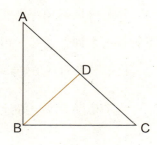

听讲全程随时记录疑问

听课的时候无论是不是动笔,都要随时处在一个思考的状态。如果课上有一些没听懂的地方就要及时记录下来。因为上课时往往老师讲、我们听,所以不懂的知识点常常会被我们遗漏。所以我们要时刻绷紧一根弦,给自己设定这样一个目标:下课后要问老师问题。当我们有问题意识的时候,大脑就会开始高速运转,对每部分知识进行思考:"这里我听懂了吗?""这部分我听着有点困难""这一块我好像不太懂"。将会与不会的问题进行划分,界限分明,就能防止下课后才发现自己是糊里糊涂的。

在记录疑问的时候我们可以按以下步骤进行:

首先,在课前设定一个目标:下课后要问老师问题。

> 头脑里有一个小目标:
> **下课后要问老师问题!**

然后,在课上遇到听不懂的地方时,在笔记本右侧 1/4 相应知识点旁边进行标注。采用统一符号,以后复习的时候好作区分。常见的方式就是在疑问点的前面加一个大大的"?"。例如:

一、分数的意义和性质

1. 分数的含义

2. 分类

(1) 真分数：分子比分母小的分数。

(2) 假分数：分子比分母大或分子和分母相等的分数。

(3) 带分数：整数带着一个真分数。

3. 性质

分数的分子和分母同时乘或者除以相同的数，分数的大小不变。0除外。

? 假分数和带分数的关系是什么？

←―――― 3/4 ――――→ ←― 1/4 ―→

临近下课，根据老师的总结补充细节

前面提到过，临近下课，老师在总结整节课的时候，我们不需要把老师的总结写下来，而是要听老师讲，边听边回忆。可以看着笔记本回忆，如果对笔记熟悉，也可以盖住笔记回忆。如果出现老师总结时提到，但被遗漏的重要知识点，就赶快补充记录下来，或者做个小小的标注。当然还是以听老师的讲解和总结内容为主，因为我们在课后也是可以及时补充记录的。

到这里我们的课堂笔记就做完了。这份课堂笔记真的是大有用处！不仅在课后复习的时候能够用到，在每次临上课前几分钟也可以再拿出来浏览一遍，当然，在临上课前除了复习上节课的

笔记以外，还要再翻翻课本，整理一下我们的预习笔记。既温习巩固已学的知识，又做好准备吸收新的知识。让我们的学习事半功倍。

做完课堂笔记以后，就要进入课后总结阶段了。在这个环节，我们仍然需要记录一些内容。那么，记录课后笔记的目的是什么？我们又该记录什么呢？在下一章节我们可以找到这些问题的答案。

上节课的课堂笔记

课本上的预习笔记

上课前看一看，做好充分准备

【练一练】

1. 请把任意一科的笔记本拿出来,随便翻开一个空白页,用自己喜欢的方式划分一下留白区域吧!划分以后,请回想一下,两边区域分别应该记录什么样的内容呢?

_____
_____
_____
_____
_____
_____

2. 你是不是已经确定了自己想要使用的提纲形式呢?在这里写下来吧!

_____
_____
_____
_____
_____
_____
_____

3.你在记笔记的时候,有没有设置一些专属的符号帮助速记呢?比如用"……"表示以后可能会有补充,用"@"标记关键词等。如果有,可以写下来;如果没有可以想一想。这样的方式可以帮助你在记课堂笔记时节省不少时间呢!

_____
_____
_____
_____

4.你学会怎么记课堂笔记了吗?自我检验一下吧!假如这节内容是老师在课堂上讲的内容,现在请你运用刚学到的课堂笔记方法,列出这一节的提纲、主要内容和疑点吧。

_____
_____
_____
_____
_____
_____

为什么要记课后笔记?

课后笔记应该记什么?

课后笔记应该怎么记?

课后环节：
科学整理笔记，
实现高效复习

为什么要记课后笔记？

在课堂上我们一定要记笔记，因为这时候的笔记直接决定我们吸收知识的效果和最终的成绩。实际上，课堂只是学习的其中一个环节，课后的及时回顾和复习同样是不可忽视的。下面我们来详细讲一讲到底为什么要记课后笔记，课后笔记究竟对学习起到了怎样不可替代的作用。

记课后笔记的过程可以实现对知识的"再加工"

"再加工"，顾名思义，就是再认识一次、重新学习一次。但是这种学习不只是对之前的学习过程进行简单的重复，而是在此基础上产生更深入、更细致的理解，把同样的知识咀嚼出更丰富的味道。

通过课后笔记对知识进行"再加工",最直观的作用就是带领我们及时复习当天所学的内容,防止"短时间内大量遗忘"的情况发生。另外,还能够帮助我们更好地掌握知识。

我们都有过这样的经历,听别人讲一件事,可能过一段时间就忘了事情的细节,但是同样的事情发生在自己身上,就很难忘记。这是因为,发生在自己身上的事情是我们自己产生的记忆,而听别人讲是"记忆别人的记忆"。学习也是这个道理,相比于单纯地通过阅读和识记老师讲授的内容进行记忆,通过自己的理解所生成的记忆,与自己已有的知识体系建立的联系更多,学习效果也更好。因此,相比于课堂笔记"记忆老师的记忆"的模式,课后笔记给了我们更多自己产生记忆的机会!

只记住是不够的,关键时刻要能够把记忆提取出来,做到"学有所用"。有人发现,下了功夫记住的知识更容易被提取出来。

例如,在阅读的时候看到这样一段描写:"京华秋色,最先想到的总是香山红叶。曾记得满山如火如荼的壮观。在太阳下,那红色似乎在跳动,像火焰一样。"发现自己不太理解"如火如荼"是什么意思,于是去查阅词典,发现"如火如荼"是指"像火那样红,像荼那样白。原形容军容之盛,现在用来形容旺盛、热烈或激烈"。这时,可能又不知道"荼"是什么意思,再次查阅,发现"荼"是指"古书上说的一种苦菜和茅草的白花"。

这样,我们对"如火如荼"这个词就有了至少三次加工。第一次加工是在阅读句子"曾记得满山如火如荼的壮观"时；第二次加工是在查阅"如火如荼"的意思时；第三次加工是在查阅"荼"的意思时。有了这三次加工，在写作文时如果想要描写一个热烈的场景，可能很快就会想到"如火如荼"这个词，而不是其他的词。

课后笔记有助于打造完整的知识体系

除了帮助我们对知识进行"再加工"之外，课后笔记还可以让我们打造一个完整的知识体系。我们经常能够听到老师在讲课的时候说："注意了，×××很关键，一定要重点记！"大多数时候，老师会把重难点的内容重复很多遍。而我们会下意识地对被强调和重复的内容进行记录。这就导致我们的课堂笔记中，绝大部分内容都是重难点。但是，除了重难点之外的那些知识是不是就不用记了呢？当然不是。如果说记课堂笔记是在一个瓶子中放石块，那么记课后笔记就是用细沙填满瓶子的过程，它可以对课堂笔记进行补充。

还有的同学认为，那些重难点之外的知识比较简单，已经在脑海中记下来了，课后笔记就没必要特意关注那些内容了。其实不然，课后笔记的一个重要目的就是让知识形成体系。如果把不同的知识点比喻成一本本书，把知识体系比喻成书架，那么课堂上的学习就是把老师书架上的书拿下来、放进小车运回家的过程。通过课后笔记，我们可以把所有知识点重新梳理一遍，就像把所有散落在小车里的书都分门别类地放进自己书架中对应的区域。等到需要使用这些知识的时候,我们就可以直接走向自己的"知识书架",精准地定位到具体的区域,而不必在杂乱不堪的书堆中翻找。这就是形成知识体系的好处所在。

及时记课后笔记是非常重要的,不仅可以帮助我们对知识进行"再加工",还可以帮助我们打造完整的知识体系。那么,为了实现这些目的,课后笔记都应该记录哪些内容呢?

课后笔记应该记什么?

总的来说,课后笔记应该包括两大部分,一个是对课堂笔记进行补充,另一个是课后总结。

对课堂笔记进行补充

我们需要对哪些部分进行补充呢?

(1)要对课堂笔记中简记、速记的内容进行查漏补缺。

我们之前讲过,在记课堂笔记的时候,主要记录的内容是整体框架和重难点,记录方式是记关键词和要点。所以在整理课后笔记时,要关注那些课堂笔记没有"跟上"的内容。一方面,要对整体框架和重难点中只写了关键词的知识点进行补充,比如一些定理公式的使用方法和注意事项、新学的成语的具体含义、对某一文本段落的赏析，等等；另一方面，对非重难点知识也要进行补充，可以只写关键词，但是要保证全面，不要遗漏知识点。

例如：

在某节语文课上，老师带着大家学习了一篇新课文，其中涉及几个新词。由于其他部分的内容比较重要，所以老师在讲词语释义的时候速度很快，这时我们笔记上的内容可能就只有"其间：其中""无端：____""素：向来""如许：____""希奇：____"这些残缺不全的记录。

那么，在记课后笔记的时候，就要将词语的释义补充完整："其间：其中""无端：无缘无故""素：向来""如许：如此""希奇：稀奇"。

（2）要记录对疑点的解决过程。

之前提到，课堂笔记中应该记录我们在课堂上的疑惑。但只记下来是不够的，更重要的是解决疑惑。在课后笔记中除了记录最后的"正解"，最好还能记录一下问题解决的过程。

和一个冷冰冰的正确答案相比，思考过程是"会动"的！通过一步步的思考，我们对知识的理解就会更加深刻。当我们再次遇到类似的问题时，就能够快速地想起之前是怎么解决的，达到举一反三的效果。

举例来说明什么是"问题解决的过程"：

我们在课堂上阅读《铁杵成针》这篇文言文时，读到"世传李太白读书山中，未成，弃去"，不知道这句话是什么意思，尤其不确定"成""弃""去"的含义，但是老师并没有对此展开讲解，课本上也没有相关的注释。那么这些词和句子就是我们的疑点。

这时，我们可以查阅词典，发现"成"的意思有很多，作为动词有"完成；实现"的意思，有"形成；成为"的意思，有"成功；成就"的意思等。"弃"作为动词，有"抛弃；舍弃"的意思，还有"糟蹋"的意思，作为形容词，还有"舍弃的；废弃的"之意。而"去"在文言文中的含义也非常丰富，作为动词有"离去；离开"的意思，还有"距离"的意思，作为形容词有"过去的"的意思等。

然后，我们可以再回去联系一下原文，前面讲"磨针溪，在眉州象耳山下"，后面讲"过小溪，逢老媪方磨铁杵"。可以猜测这几个字在文中的意思，可能是"传说李白在山中读书，没有成功，就放弃离开了"。

最后，我们可以查一下这一整句话的现代释义，可能会发现有不同的解释，比如，查到"传说李白在山中读书的时候，没有完成好自己的功课就出去玩了"。我们发现这个释义和自己猜测的意思不同，"成"不是"成功"的意思，而是"完成（自己的功课）"的意思，经过对比思考或请教老师，我们对原文就会有一个更准确和彻底的理解。

（3）要记录需要进行拓展学习的内容。

所谓拓展，就是不局限于课堂上的知识。我们自己在做课外习题或者阅读时，一定会遇到很多与课上所学内容相关，但是不完全等同的知识。这部分内容可以转化成"变式"，帮助我们更好地理解和运用知识。

一方面，通过对核心知识点的不断拓展和对课后笔记的不断更新，我们会在头脑中形成新旧知识的联结，这将帮助我们把知识点记得更加牢固，在应用知识时更加灵活；另一方面，如果在每节课后都能积累一两个课本上没有的小知识，那么日积月累下来，我们懂的就会越来越多，更容易理解日后学习中的其他相关知识。

以上文的"疑点解决"为例，我们通过查阅文言文字典发现"成""弃""去"分别有很多含义，而在课堂上所学的课文中，只取了其中一个含义来解释。

这时，我们可以把其他含义和对应的例句也记录下来，作为课堂外的拓展知识来积累。比如，对"成"的解释中可以写：

①＜动＞形成；成为。《劝学》："积土成山，风雨兴焉。"《与朱元思书》："好鸟相鸣，嘤嘤成韵。"

②＜动＞成功；成就。《史记·孙子吴起列传》："遂成竖子之名！"

③＜动＞长成；成熟。《芙蕖》："迨至菡萏成花，娇姿欲滴。"

……

课后总结

补充课堂内容只是记课后笔记的第一步，更为重要和关键的是要在课后形成自己的总结。课后总结主要包括两个方面的内容，一是对关键点的二次学习，二是对总体框架的梳理。

（1）对关键点的二次学习。

所谓对关键点的二次学习，指的是重新回顾课上的关键知识点，把老师的板书和讲解中真正想要传达的内容提取出来，再用自己的方式重新表述出来。比如，老师上课讲到某一个重点内容时，在黑板上画出了一个表格，或者给出了一个示意图，我们当时理解了，但是我们在大脑中形成的可能只是对这个表格形式的记忆，而非对内容的记忆，我们真正需要的是把老师讲授的内容变成我们头脑中的知识。这时，我们就需要课后总结这种更为深入和细致的二次学习，根据自己吸收知识的习惯来重新组织这些内容。

组织关键知识点的方式有很多，我们在自己总结的时候，可以选择最得心应手的那一种。需要注意的是，我们不必追求和老师完全不同的逻辑组织方式，也不必追求对知识进行彻底重组，只要自己做到真正理解关键点、能够将来龙去脉用自己的方式讲清楚即可。

例如：

生物课中，对于"开花和结果"这个关键知识点，课本上附有一朵花的简笔画来帮助我们理解雌蕊和雄蕊的组成部分，类似于下面的图片。

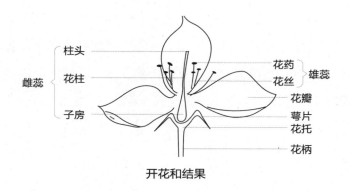

开花和结果

老师在讲到这里时，不仅让大家浏览课本，还在黑板上用概括的方式写清楚了雄蕊、雌蕊分别包括哪些部分，以及雄蕊向雌蕊传粉的过程。

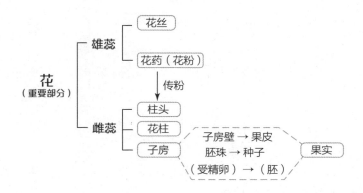

课后，我们自己消化关键点的时候，要能清晰地梳理出这样的内容：花包括雌蕊和雄蕊；雄蕊包括花丝和花药，花药中有花

粉；雌蕊包括柱头、花柱和子房，子房又包括子房壁和胚珠。

这时，我们就可以将这些知识用自己的方式默写在课后笔记上。如果首先想到了整个花的组成部分，那么就可以从花萼、花瓣、花蕊这一层级开始写起，之后再写花蕊的具体组成部分，雌蕊和雄蕊的具体组成部分……以此类推。最后，我们可以得到类似下图中的组织形式。这就是完全属于我们自己的呈现方式！

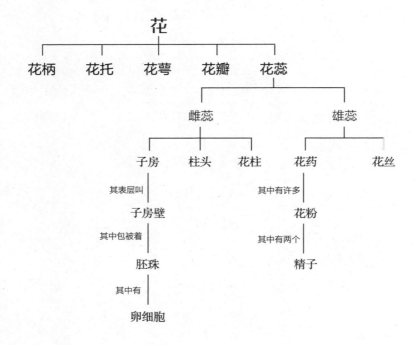

（2）对总体框架的梳理。

老师在讲课的时候会依据课程大纲来安排一节课的内容，当我们消化完一整节课的内容之后，对知识有了自己的理解，对知识的整体构架也会有一定的把握。比如，可以将一整节课简化成几个重要的部分，同时，如果发现 A 知识点和 B 知识点有相似之处，可以融合在一起来记；发现 C 知识点和 D 知识点说的是同一件事的两个方面，也可以一起来记，等等。

还记得前文中提到的"知识书架"吗？知识点就像一本本书，而将书分门别类地放到书架上就是形成知识体系的过程。课后总结对于我们构建自己的"知识书架"有着不可忽视的作用！一方面，总结就像在给书架上不同的分区贴标签，当我们不能很快地在"知识书架"中找出某本书时，可以通过这些标签和这个标签所对应的分区来定位它；另一方面，我们也可以通过对书籍（知识点）的重新归类来不断优化自己的"知识书架"，让它的分区更科学，下次买回新书（学到新的知识）时就能更快地把书放进书架（理解和内化）！

需要注意的是，不同学科有不同的特点。有些科目，每节课的框架比较明确，比如数学，总结框架能够帮助我们掌握知识排布的逻辑；但是有些科目更强调具体知识点的积累，比如语文，这时不必强求对框架进行总结，记录下课程的具体收获即可。

例如，当数学课讲到数的计算时，老师可能会按照下面的顺序进行讲解：

1. 整数加减法
2. 小数加减法

3. 分数加减法

4. 运算律与运算性质

  1）加法交换律

  2）加法结合律

……

  我们在进行课后总结时，发现整数、小数、分数的加减法运算遵循着同样的规律，因此可以将它们合并，精炼成下图中的框架。其中，重点部分可以多展开一些来写，方便记忆，不重要的部分简写成小节标题即可。

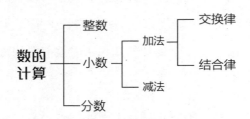

  对于语文课这种无法理出明显逻辑线的学科，我们在做课后总结的时候应该将重点放在知识积累上。比如，在学习《落花生》这一课之后，可以总结成下面这些内容：

（1）生字

辟（开辟）（精辟）（辟谣）

获（收获）（获得）（不劳而获）

尝（品尝）（尝试）（尝鲜）

（2）多音字

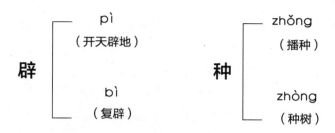

（3）写作方法

借物喻人指借某一事物的特点，来描写人的一种品格。在《落花生》中，父亲引导孩子谈花生，目的是为了论人生。他赞美花生，是为了说明应该做怎样的人，要学习花生不图虚名、默默奉献的品格。

（4）情感态度和价值观

文章表达了作者不为名利、只求有益于社会的人生理想和价值观。

总体来说，课后笔记应该包含补充和总结两部分内容。补充是对课堂速记知识的查漏补缺、对疑点的解决和对拓展内容的学习。总结既包括对单个关键知识点的二次学习，也包括对课程总体框架的梳理。接下来，我们就来看一看怎样把这些内容呈现在课后笔记当中，有哪些技巧和方法。

课后笔记应该怎么记？

首先，我们来明确一下记课后笔记时应该遵循的两个主要原则：

第一，要保证知识体系的完整性。这是记课后笔记最基本的原则。在课堂上，我们经常为了防止遗漏知识点而采用速记、简记的策略，因此，记课后笔记时，我们要把这些内容补充完整，保证自己在以后复习时看到的是一本完整的笔记，而不是东缺一块、西缺一块的笔记。

第二，要注重自己的思考。这是记课后笔记最重要的意义，也是与课堂笔记最大的区别。尽管我们之前在讲解记课堂笔记的方法时也强调应该记录自己总结出来的内容，不能对老师讲授的内容"照搬照抄"，但是课堂的时间毕竟非常有限，我们在课堂上能够沉淀出来的内容也非常有限。一方面，总结的规律、方法都比较浅显，无法触及知识的深层逻辑关系；另一方面，知识点组织得比较零散，不成体系。因此，课后笔记可以帮助我们弥补这些缺憾，加入自己对知识点的思考，不断内化，以形成自己的知识体系。

那么，课后笔记具体应该怎么来记，才能遵循这两个原则呢？有哪些需要我们格外注意的事项呢？

如何补充课堂笔记

如前文所讲，首先，我们要对课堂笔记进行补充。

一方面，我们要做"填空题"。所谓的"空"，就是课堂笔记中的留白。这些留白既包括课堂笔记的主体部分，也包括侧边栏当中遗留的待解决的疑惑。对于主体部分，主要是补充速记、简记时没写全的内容，同时要注意标记符号的一致性。如果课堂上有写错的地方，可以在这个时候进行更正。对于待解决的疑惑，要尽量写全解决的过程，并用一些标记符号将疑点索引到特定的知识点上。

另一方面，我们要做"拓展题"。与"填空题"不同，"拓展题"是超出课堂笔记的内容。比如，我们在做练习题的过程中，发现一个公式的使用方法可以对课堂上讲到的另外一个公式进行补充，就可以将拓展内容记录下来。如果拓展的内容比较少，比如只有一句话，可以直接写在课堂笔记空白的地方，如果内容比较多，比如成段的分析和运算，则可以使用便利贴，贴在相关的知识点附近。

如何在课堂笔记后做课后总结

在完善课堂笔记之后,就到了课后笔记的"重头戏"——课后总结的部分。在这个部分,最适合采用思维导图的方法来进行总结。下面,我们就来学习一下思维导图的构成以及绘制思维导图的具体方法。

一、了解思维导图的形式

我们先来看三个常见的思维导图:

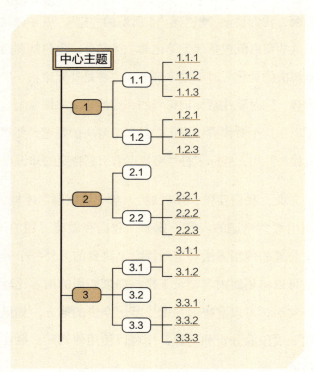

思维导图 1

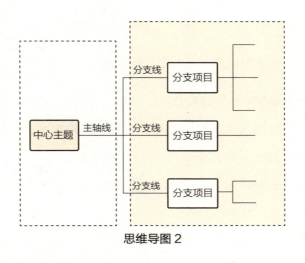

思维导图 2

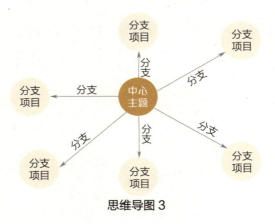

思维导图 3

可以看到,思维导图和大树很像。我们可以把思维导图想象成一棵大树,大树只有一个树干,但是却有许许多多的树枝,每个大树枝又可能会分出很多个小树枝。树枝的大小就代表了思维导图中的不同"层级"。学了这么多,不如动手做!现在,让我们试着画一张思维导图。

二、画思维导图的三个步骤

制作思维导图包括下面三个关键步骤：

1. **大致确定中心主题和分支**。浏览笔记内容，提取出关键词，可以用铅笔标记出来，对分支的个数有大致的估计。注意，分支太多会导致知识排布过于零散，甚至和课堂笔记没有太大差异，这样就会失去归纳和总结的作用了！所以，我们在规划每一层级的分支数量时，最好不要超过 5 个。

2. **从第一层级开始，逐渐补全整个思维导图**。先从中心主题出发进行分支（如图中标注 1、2、3 的分支），作为第一层级；再从第一层级出发进行分支（如图中标注 1.1、1.2、2.1、2.2……的分支），作为第二层级；再从第二层级出发，进行分支……逐渐补充完整。

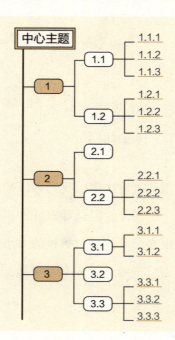

3. 补充关系。当我们将课堂笔记中的主要知识点都整理到思维导图中，就能够清晰地看到知识点之间的组合方式和逻辑关系。这时，我们可以用"箭头+描述"的方式，如下图所示，将彼此之间有联系的分支项目放在一起，进行对比，或者进行整合，加深我们对知识点的理解。

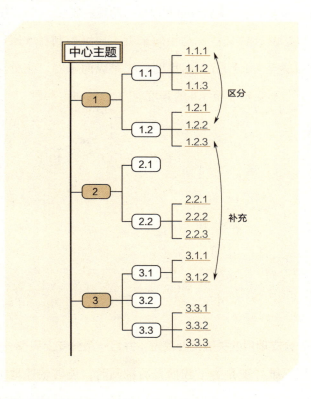

以上就是制作思维导图的三个关键步骤。大家学会了吗？

三、怎样在笔记中高效使用思维导图？

仅仅知道思维导图的画法还不够，在我们的高分笔记法里，要高效使用思维导图来完成课后笔记的梳理总结，或者在其他学习环节高效记笔记，还需要从形式和逻辑两个层面，掌握使用思维导图的一些原则和技巧。

1. 形式层面

（1）主分支与层级数量不宜过多，尽量控制在 5 个以内。

这包括两层含义：一是横向来看，层级控制在 5 层以内，不要过度拓展至 1.1.1.1.1.1 的程度；二是纵向来看，主分支数量不超过 5 个，不要延伸至 1.6 的程度。

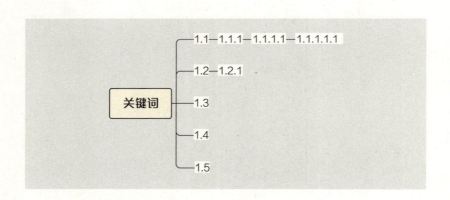

（2）分支项目的关键词要简短，并且一条分支上只有一个词。

使用思维导图是为了我们日后翻阅时，能够快速地把知识提取出来，所以关键词一定要简练、概括。采用简短的关键词，要比抄写一长段话的效率更高，效果更好。

（3）同一层级的分支项目形式尽量保持一致。

比如在下面这张图里面，"苹果""香蕉"都是名词，而"甜甜的梨"则是"形容词＋名词"的形式。这样不仅逻辑上有问题，形式上也不一致。

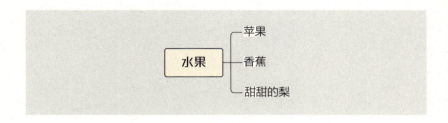

（4）同一个主分支尽量使用同一种颜色，不同主分支之间使用不同的颜色进行区分。

如果要使用不同的颜色来画思维导图，就要注意分配颜色，不同的颜色代表不同的主分支，同一个颜色代表同一个主分支，这样视觉感受上会更加舒服，对不同主分支的知识点，也可以一目了然。

（5）分支的位置要进行合理分配。

无论是包围式，还是向右拓展式的思维导图，都要合理分配位置，要保证视觉上是清晰可见、均匀分布的，而且分支之间是没有交叉的。

举例来说，在下面三张图示里面，图示 1 的画法是理想画法，非常清晰；图示 2 的分支则分布不够均匀，上面太挤，下面太松散，显得不够美观；图示 3 分支

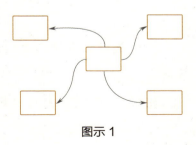

图示 1

之间彼此交叉,显得非常凌乱,也是一个反面例子。

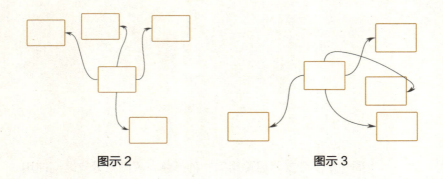

图示2　　　　　　　　图示3

2. 逻辑层面

(1)同一层级的关键词是并列关系,不能搞错。

比如"水果"包含了"苹果""香蕉""梨",那么这三类水果分别对应第一层级1.1、1.2、1.3的位置,如果我们把1.3的"梨"写成"水果核",就是不对的。

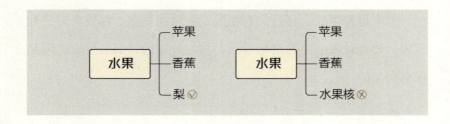

(2)关键概念和由此延伸出来的分支是包含关系,不能搞错。

比如,在下面的图中,"狮子"不属于水果,所以是不对的。

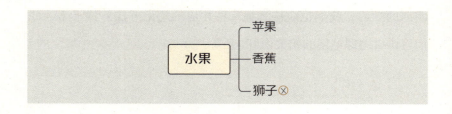

最后,补充两点注意事项:

(1)思维导图的使用不仅限于课后笔记。小到一个概念、一篇文章,大到一整本书、一整门课,都可以利用我们所讲的方法画出思维导图,对知识进行深加工,搭建出环环相扣的知识体系。

(2)思维导图的使用不仅限于学习场景。除了可以运用在学习场景外,周末行程安排、旅行行李整理、清晨洗漱流程……都可以使用思维导图。有时候把日程安排绘制在思维导图上,并逐项完成的感觉特别好,让人很有成就感。你也可以试一试。

相信通过学习详细的方法和生动的例子,大家已经对课后笔记有了全面的了解。坚持做好课后笔记,我们就能在每一节课后都有所收获。这样,我们就不再只是知识的"搬运工"了,而将成为一名知识的"建筑师"!

到这里,我们主要学习的都是针对传统课堂内外的笔记方法。随着科技的不断进步,网课已经成为教学的重要途径之一。相比于传统课堂,网课有自己独特的优势,比如,可以观看回放、自行下载课件等。然而,网课也有一定的弊端,比如,老师不能随时监督学生的上课状态,导致学生听课容易溜号等。因此,针对网课的学习，我们也应该掌握一些相应的笔记方法。接下来，我们将讲讲网课笔记的相关内容。

【练一练】

请针对这一节的主要内容，用思维导图来做一个总结。

（接上页内容）

上网课,该不该记笔记?
网课学习,该如何记笔记?

这样记笔记，让网课效果事半功倍

上网课,该不该记笔记?

网课和学校课堂的区别

你上过网课吗?喜欢上网课吗?提到网课,相信大家都不陌生,但对网课的态度却千差万别。

有的同学说,现在最不想听到的就是上网课了。假期憋在家里连着上网课,感觉学习的时候浑浑噩噩、无精打采,很不喜欢这种假期不假期、上学不上学的尴尬状态,最后什么也没记住。

有的同学说,打开电脑就能学习,太幸福了!省下来的时间不仅可以多休息,还能早点出去玩。没有老师盯着,感觉好舒适、好自在。感谢网课提高了自己的学习动力和热情。

不管大家是不是喜欢网课,网课确实越来越普遍了。身边的同学、朋友,不管是在周末,还是在假期,很多都会被安排上网课。在这种情况下，如果我们能率先掌握网课的学习技巧，就能轻松高效地获取知识，进而取得好成绩！

有的同学会说："什么？网课还需要学习技巧？不就是课堂上怎么学，在网课上就怎么学吗？"当然不是！网课学习和课堂学习还是有很大差异的，因此，两者采用的学习方法也有所不同。

首先，从**学习环境**来讲，相比于线下课堂，网课没有同学的陪伴，没有老师的严加看管，所以学习氛围会差一些。加上上课地点是在家里，在如此轻松的环境下学习，非常考验我们的自制力。那些缺乏自制力的同学，就只能靠父母在旁边督促了。这种被父母盯着的感觉，应该也不会太好受吧？

其次，在**课程节奏**上也有所差异。在课堂上，我们只能跟着老师的节奏走，所以全程主要以听讲和思考为主，记笔记不能影响听讲这件事，毕竟一旦错过了，就真的再也听不到了。但是网课不同，一些录播的课程，可以暂停，可以回放，节奏掌握在我们自己手里。即使是直播课程，也可以通过截图、拍照等方式，把老师讲到的知识点及时留存下来。在这些功能的帮助下，我们就会有更多方便实用的学习技巧。不过，不要以为这是件好事情，如果用不好，反而会出现大问题。比如，有的同学因为知道可以回放，所以听课的时候经常走神，以至于不得不再学一遍，浪费大量的时间。还有的同学在直播课上遇到知识就截屏，但课后又不回看，以至于那些截屏毫无意义。

再次，在**课程内容**上，两者也有差异。由于我们的专注力有限，网课又更加考验大家的自制力，所以网课通常会控制在 30 分钟左右，而教学内容并没有缩减。为了提高效率，老师会只讲解重点中的重点，很多需要拓展的内容都被省略掉了，所以很多时候大家会感觉只学了一个框架，真正消化吸收的，少之又少。这种情况下，如果我们还能把知识点吃透，既能记住知识，又能举一反三，那么学习成绩很快就能提高一大截！

最后，**时间安排不一样**。在线下课堂中，有固定的上课时间和休息时间，老师会根据时间把握好节奏，学生也能够劳逸结合。但是在上网课的时候，因为可以快进、回放和暂停，所以学完一节录播课的时间是不一定的。有时还可以自己选择上课时间，所以两节课之间的休息时间也是灵活的。这看起来很轻松，但实际上，也是一种考验。如果着急快进，就会影响学习效果；如果一味拖延，不仅学习效率低还会影响视力，产生久坐带来的身体健康问题。而且一直待在室内，也会让我们的心情变得非常烦躁。

记笔记，是告别网课学习"伪勤奋"的关键

正因为和线下课堂相比，网课有这么多的独特性，所以二者的学习方式也会有所差异。也因此决定了，**在网课学习过程中，我们一定要记笔记**。否则，就很容易变成"伪勤奋"。

所谓"伪勤奋"，就是假勤奋。那些看起来听讲非常认真，小小的脑袋里却装着各种和学习无关事情的同学，那些上课不听讲，

放学在教室赶笔记最后才走的同学，那些只抄写不背诵、只记录不思考的同学，都是"伪勤奋"的人。

课堂听讲本身就是一个被动学习的过程。在上网课的过程中，不仅没有老师的监督和课堂秩序的约束，还会受到网络上各种好玩游戏、新奇弹窗的诱惑，使得整个学习过程变得更加被动。

在这种情况下，笔记就显得尤为重要。还记得记笔记的本质是什么吗？对信息的加工、思考和内化。记笔记，可以帮助我们把注意力放到眼前的课程上面来，每一次书写的过程，都是我们思考判断的过程。经过思考后，将重点内容和值得记录的内容写下来，时刻将注意力拉回网络课堂的知识点上面。即使偶尔想要干其他事情，也不能任凭自己的心情，毕竟正记着笔记呢！这在很大程度上能够帮助我们克服"伪勤奋"。

除了克服"伪勤奋"以外，课堂笔记的其他好处它也都具备，比如加深对知识的印象，让复习变得更方便，更好地把知识联系起来等。

那么网课笔记需要记录哪些内容呢？其实这一点和课堂笔记也是基本一致的，提纲、重点、疑点和补充细节，都需要记录。不过，原本应该在课后复习环节做的关键词提要、易错点标记等，我们可以在网络课堂上同步完成。当然，这还要视上课形式和情况而定。

另外，因为网课学习和线下学习有着诸多区别，所以笔记的记录方式也有很大区别。接下来我们将探讨，怎么记笔记，才能让我们的网课学习事半功倍。

网课学习，该如何记笔记？

在讲具体的方法之前，我们先来讲讲，网课笔记需要满足的条件。和课堂笔记类似，网课笔记的目的也是为了平衡听讲、记录和思考这三个过程，帮助我们更加充分地理解课堂上的知识。为了达到这个目的，网课笔记需要满足以下两个条件。

内容全面，条理清晰，重点突出

网课笔记也是要用来复习和回看的，所以同样要保证知识的全面性。如果这里跳过一个知识点，那里省略一个公式，时间一长，这些知识就像没学过一样，被我们彻底抛诸脑后了。

同时还要有条理性，毕竟乱糟糟的、想记哪就记哪、谁也看不懂的笔记，没有任何价值。我们之前讲过的列提纲、画思维导图等方法，都是保证笔记有条理性的非常实用的方法。

此外，还要突出重点，该强调的强调，该画线的画线，该标记的标记，这样才能帮助我们充分吸收知识。有了这些标记以后，回看的时候就能够一目了然了！

心中有数，把握节奏

网课笔记不同于课堂笔记，有时候上课的节奏是掌握在自己手里的。一节课要花多长时间学完，要不要先暂停一下，要不要再回放一遍，上完这节课，是过1个小时再学下一节，还是20分钟后立马开始下节课的学习……这些都是需要提前规划好的，要心中有数，把握好节奏。有的同学，一节30分钟的网课，能硬生生上成2个小时，学习效率低下，耽误做其他事情的时间，这就是没有计划的表现。

同时，记录时要不要速记呢？这也是没有定论的，要自己把握，毕竟网课不像线下课堂，老师一旦开讲，如果不立马记，就可能会跟不上老师的节奏。所以，如果有必要，可以速记，但在可暂停、可倍速上课的情况下，要不要速记就要视情况而定了。记完以后要不要立即整理，也要看自己的时间安排是什么样的，这些都是需要提前有所规划的。做到合理安排，网课笔记就能发挥听讲、记录和思考的最大效果。

明白了这两点以后，接下来就详细介绍一下，网课笔记的记录小技巧。

第一，规划页面

网课和线下课堂一样，老师会滔滔不绝地讲。如果这时我们随意地记录，笔记就很容易记得乱七八糟，东记一句、西记一句，完全失去参考价值。所以我们需要大致规划一下笔记页面，知道自己需要记录哪些内容，大致会记在什么位置上。这样，在落笔之前就会心里有数了。

网课笔记和课堂笔记的页面规划大致是一样的。

从结构上来说，可以把页面分为左侧 3/4 和右侧 1/4 两部分；从内容上来说，左侧 3/4 记录课堂上的主要内容，如提纲和重点知识等。右侧 1/4 的空间预留出来，记录一些疑点、难点和补充细节。

两者不同的地方有两点：

（1）在页面左侧，记录重点的时候不规定速记，就像我们前面提到的，要视情况而定。

（2）在页面右侧，与主要内容和知识点相联系的一些关键词提要、易错点的标记和记录，在线下课堂中是放在课后复习的时候去做的，上网课可以视情况而定。如果条件允许，可以在记录网课笔记的同时，把这些内容也记录下来。

什么是关键点提要？可以参照下面的提炼：

课堂笔记	
章节标题	记录日期
• 提纲（表述逻辑、符号、颜色统一） • 重点（速记、简写、图形记录） 　• 关键概念 　• 示例 　• 解题思路	• 疑点（全程记录） • 补充细节（总结环节补充） ⚠ 课后复习时的重点总结、关键点提要、易错点标记也可以放到这里。
←——— 3/4 ———→	← 1/4 →

网课笔记	
章节标题	记录日期
• 提纲（表述逻辑、符号、颜色统一） • 重点（不一定要速记） 　• 关键概念 　• 示例 　• 解题思路	• 疑点（全程记录） • 补充细节（总结环节补充） ⚠ 关键点提要、易错点标记（视情况同步记录，提高效率）。
←——— 3/4 ———→	← 1/4 →

什么情况下，可以把课后复习时才需要补充的关键点提要、易错点标记在听课的时候就同时记录下来呢？答案就是：在听录播课的时候。

录播课和直播课的学习方式有所不同。这就是下面第二点和第三点要讲的网课学习技巧。

第二，听直播课时，要将截屏和速记技巧巧妙结合起来。

直播课和线下课相比，唯一不同的是一个是在线上对着屏幕学习，一个是线下面对面教学。不过在直播课的学习中，我们有一个非常有利的武器——截屏。

什么时候需要截屏呢？当我们遇到没有听懂，又来不及记录的内容时，就要及时截屏，并在笔记本上留下记录的空间。

但是在使用截屏功能的时候，我们要注意以下两点：

（1）不能用截屏取代记笔记。很多同学会进入一个误区：既然可以截屏，为什么还要动笔记呢？太浪费时间了。于是一节课下来，笔记本上的字寥寥无几，知识都留在了手机和电脑里面。记笔记的过程是我们梳理知识、主动思考的过程，而截屏是非常被动的学习方式，尤其是不加选择地截屏。虽然操作起来很简单，但很多同学根本无法通过这种方式将知识点充分吸收，只是自我安慰而已。

（2）截屏后要及时整理、誊抄。还有的同学一边记录，一边截屏，难免有遗漏。截屏的知识点一定要在当日就及时梳理，誊抄到笔记本上，不然图片越积越多，最后只能静静待在手机和电脑里面，不会输入到大脑里。

怎么正确使用截屏功能呢？

首先，截屏要限制次数。即使老师讲课的节奏很快，也不要频繁截屏，而要专注听讲。

其次，保持速记。要充分利用课堂笔记部分提到的简写、跳记、图形化等速记技巧。要把线上课堂当作线下课堂，努力使自己的笔记跟上老师的讲课节奏。不能因为可以截屏，就磨磨蹭蹭，或者没有重点地照抄照搬、大篇幅记录。

最后，如果某个知识点确实很重要，但又来不及记录，那就截屏记录下来吧。不过，与此同时要预估一下笔记本上大概会占用的篇幅，预留出来。然后，截屏的内容一定要在当天梳理到笔记本中，必须要做到"今日事，今日毕"！

第三，在录播课上，计划学习时间的同时要用好各项功能。

听录播课的好处就是可以把学习节奏掌握在自己手上。我们可以快进，也可以暂停，甚至可以再上一次。不过由此产生的问题就是，很可能因为时间掌控得不够好，导致学习效率直线下降。比如，有的同学能把 30 分钟的课程硬生生上成一整天，恨不得把老师说的每个字、板书上的每个标点符号都记下来。这样的学习效率一定不会高，而且也非常没有必要。当然也有相反的情况发生，比如，有的同学为了快点学完出去玩，用 1.5 倍速，甚至是 2 倍速去听课，一节课下来，笔记本上干干净净，脑袋里面空空如也，只留下"感觉自己已经掌握了"的错觉。因此，在上录播课时，我们要按以下几个要点进行：

（1）限定学习时间

上录播课最关键的一点就是要限定学习时间。学习时间既不要超过课程时长的 2 倍，也不要少于课程时长的 4/5。比如，一节 30 分钟的课，设定的学习时间要在 24~59 分钟之间。为了不超过 1 小时，可以把闹钟放在身边，给自己设定提醒。学习的时候时刻留意时间，严格把控好学习节奏。这样做，也是为了让学习效率不受到课程形式的影响。

（2）更加注重笔记的逻辑

这里的"笔记逻辑"，包括提纲层级之间的逻辑性，也包括知识点内容表述和记录的准确性。

这一点和前面课堂笔记强调的是一样的。以下图为例，"1.乘法混合"和"2.除法混合"是并列关系，"（1）乘加混合"和"（2）乘减混合"是并列关系，二者和"1.乘法混合"是包含关系。

```
三．混合运算
    1.乘法混合
        (1) 乘加混合
        (2) 乘减混合
    2.除法混合
        (1) 除加混合
        (2) 除减混合
```

笔记的逻辑性非常重要，逻辑性差的笔记，几天之后，自己都已经看不懂了。在线下课堂中，我们没有太多时间来思考笔记的逻辑性，只能加快记录的速度，才能跟上老师的思路，有相当一部分需要在课后总结复习的时候完成。

而在学习录播课的时候，我们完全有时间来思考笔记的逻辑性。在听录播课时，我们要先听老师讲，认真理解所讲的内容，跟着老师的思路进行思考，判断一些知识点应该怎么记、记在哪里、是否需要逐字逐句写下。如果需要逐字逐句记，就等这个知识点讲解完以后，暂停一下，留出梳理记录内容的时间；如果不需要，就用自己能够理解，而且多久都不会忘掉的逻辑记录下来。

这一步如果做得足够好，完全可以省去课后再去整理笔记的环节。在复习时，直接翻看课堂笔记就可以了。

（3）**用好快进、回放、倍速和暂停功能。**

一般来说，录播课都会有快进、回放、倍速和暂停的功能。但是，不是每个功能都那么好用，甚至有一些功能是尽量不要使用的。

快进功能坚决不要用。漏掉的知识很可能是以为自己知道，但其实并不明白的内容。

回放功能尽量不要用。力求一次性把课程听下来，学习的时候不要想着先凑合看一遍，以后再看回放，那样会非常浪费时间。课后复习的时候，要注意避免习惯性地回放。除非某个知识点确实非常重要，又真的遗漏了，完全想不起来具体内容，才可以看回放。

倍速功能可以适当使用。在对知识点比较了解，老师语速又比较慢的情况下，可以适当使用倍速功能，但前提是不影响正常的听课、思考和记录。这里一定要平衡好倍速和记录这两件事，因为一旦倍速播放，想要让记笔记的速度跟上课程节奏，是比较吃力的。所以，如果倍速播放以后感觉学起来比较吃力，就还是按照正常的速度学习吧。真正学到知识才是我们的最终目标。

暂停功能在需要时使用。当老师讲得太快、来不及记笔记的时候，或者对老师讲的内容有疑问、需要短暂思考一下的时候，是可以暂停的。但是，不要暂停时间太长，要记住我们整节课程的学习时间有限！给自己几分钟的时间补充笔记或者思考困惑即可。另外，不要随意暂停，比如不要一出现问题就暂停，一来不及记录就暂停，要紧跟老师的思路。当我们对某个知识点有疑惑或者来不及记的时候，可以先简单做个记号（记下播放时间节点），以理解知识为主。等讲解结束以后，再返回暂停画面进行记录。

同时，要尽量避免因中途不得不离开座位而暂停的情况出现，比如去喝水、去洗手间，或者离开座位做其他事情等。一旦开始上课了，就要坚持到课程结束。这种不得不离开座位去做的事情应该提前做好规划和准备。

第四，利用好课后时间

对于课堂笔记而言，课后及时进行总结是非常重要的一环。

网课笔记也是一样的。只是，因为有时候我们可以自己来安排上课进度，所以总结梳理也不一定非要等一天的课程结束后再进行。具体来讲，我们在一节网课结束后要做些什么呢？

（1）要马上休息。因为已经坚持了一堂课，接下来无论是继续上课，还是做课后总结，仍然需要继续坐在椅子上，所以要趁着这个时间赶快休息10分钟。要知道，我们的大脑和身体在劳作一段时间后，需要进行充分的休息，才能得到恢复，进而全身心地投入到下一阶段的学习中。不要坐着、趴着，原地待命，要站起来走一走，到窗边远眺一会儿，多补充水分。

但是，千万不要一结束课程就马上打开手机或电脑上的游戏界面，也不要在这个时候阅读自己喜欢的课外书。对于我们来说，这个时候最重要的只有一件事：休息！"劳逸结合"才是科学学习的好方法。

注意休息时间不能过长，10分钟就足够了！时间过长很容易让我们感到精神松散和懈怠，找不到学习的感觉。

（2）要及时复习。如果时间允许，我们可以在两节课之间立即安排复习。这个时候课程刚刚结束，我们对知识的印象还比较深刻，容易回想起课上没来得及记录的内容，也容易对课上遗留的疑问有一些比较深入的思考，还能更快地将整个课程的框架和提纲吸收到我们的大脑中。

如果时间不允许，也要在当天之内完成课程的复习和回顾。

如果拖到第二天才进行，甚至在课前才去急匆匆地翻看，学习效果就会大打折扣。因为到了第二天，我们对于知识的记忆就会衰减很多。这个时候再看笔记，几乎就要从头开始慢慢看一遍，边看边回忆，花费更多时间。而且翻看课堂疑问的时候，我们甚至都已经忘记当初为什么会产生这样的疑问了。

当然，我们前面说过，上录播课的时候，如果能够对笔记的逻辑性把握得比较好，可以不用在课后复习环节再补充笔记。但无论是否需要补充笔记，都不能省去课后复习的这一环节！

（3）要及时补充笔记。千万要记得，把截屏的内容誊写到笔记中后，要进行删除，不要让它们在手机或电脑里储存太久！

在补充和整理课堂笔记的时候，可以使用思维导图。不过，还是和前面强调的一样，在对知识进行二次整理之前，一定要先对章节内容进行归纳，梳理枝干，再慢慢理解；对上课时写的笔记进行回顾、思考、联想、推理，想一想老师当时是怎么讲的，自己为什么这样理解。这些都完成以后再对知识进行二次整理。

第五，课前准备也是很重要的一环

我们要在课程开始之前的 5~15 分钟，准备好水杯；把电脑或手机打开到上课页面；注意检查电脑或手机的电量，保证电量充足，以免在课程中途突然断电；检查一下网络是否通畅；准备好这节课需要用到的课本、笔记本和笔。需要准备不止一支笔，把备用的笔放在电脑旁边，以免课程中途笔突然出现故障，手边没有备用笔的情况出现。提前去洗手间。如果这些都准备好了,课程还没有开始,就端正坐姿,进入学习状态,提前熟悉一下新课的内容,安心等待老师的出现。

以上就是我们在网课学习过程中的笔记技巧和学习技巧。注意,这里我们所提到的笔记和学习技巧,都是在课堂笔记技巧的基础上讲的。所以,大家在运用这些技巧的同时,一定要再复习一下课堂笔记的记录方法和技巧。

【练一练】

1. 你平时的网络学习是以直播课为主,还是以录播课为主呢?你更喜欢用哪种方式记网课笔记?

_____
_____
_____

2. 用列提纲的方式回顾一下这一章的主要知识点,同时注意逻辑性。

_____
_____
_____
_____
_____

为什么要记错题笔记?
错题笔记上应该记什么?
高效省时的错题笔记妙招
错题笔记回看:让错题笔记的效用最大化

错题笔记:
教你省时省力
记错题

为什么要记错题笔记？

当一件事情变得理所应当时，我们往往就会忽略它最初的意义。

当下不管是小学生，还是中学生，不管是老师要求，还是学生自发，都会使用错题本记录错题。但是，这其中有一大部分学生只是为了完成老师的作业，或者有从众心理，为了记而记，并没有使错题笔记真正发挥其应有的作用。

在这一章，我们不妨多问几个问题，重新审视我们对待错题的态度和方法。

为什么要做题？

很多同学被浩如烟海的练习册压得喘不过气来，做练习题是很多同学最不爱做却不得不做的事情。其实，做练习题是我们检验自己学习效果、巩固所学知识的最佳方式，也是提升我们学习能力的主要手段。为什么这样说呢？

首先，在学完一个章节的知识之后，做题是检验我们对知识点掌握程度的最佳方式。很多同学总是课堂上一听就会，但是考试一做就错，这证明并没有真正掌握知识，却误以为自己会了，这种情况是很危险的。我们要通过做不同难度的题、不同角度的题，来检验自己对知识掌握的深度和广度。

其次，在中高考制度长期存在的情况下，应试能力是广大学子必须要掌握的一项能力。学会知识还不够，更要在规定的时长内拿到分数。这就要求大家熟悉题型，熟悉答题流程，掌握答题规范，做到不慌不乱，减少马虎和紧张的情况，在考场上正常发挥，乃至超常发挥。所以，在平时的练习中，我们就要进行"模拟考试"，用习题去训练自己的应试技巧，熟练地掌握易错点、受阻点，进而提高考场上固定时间内可以"抢"到的分数。

最后，做题也是我们进一步学习的动力和风向标。只有知道哪里不足，我们才有可能继续进步。通过做题，把握自己的"会"与"不会"，熟悉自己的"能"与"不能"，才能够真正了解自己的学习情况，把握自己的学习节奏和学习方向。这样的学习状态也会使我们更有动力和效率。

为什么会出错？

在学习过程中，我们经常会发现，因为一些知识易混淆、比较复杂，如果不透彻地、有意识地去了解其中的机理缘由，就会"想当然"地弄错一些知识点。

考试与做题是自我检验的有效方式，更是我们必须要掌握的技能。在平时的习题训练和考试中，错题就是提升自我认知和学习效率最好的突破口。弄懂错题，是我们做题的核心意义所在。

我们为什么会一错再错？因为人的思维有惯性，如果不能够彻底改变自己的错误思维和认知，那么在同样的问题上就会反反复复地栽跟头。同时，性格和行为习惯也会对考试中出现的错误造成规律性影响。比如，一个在做数学题时习惯性跳步的同学，会经常出现计算错误。如果他不改掉跳步的坏习惯，那么可能一直都会存在较大的出错率。再比如，总是将关键知识点记错或者记混，那么每当这个知识点出现的时候，都会被绊倒。

说到这里，我们为什么要记错题笔记似乎也明朗了起来。

打造独一无二的习题册

想要避免在下一次考试中失分，错题本就是我们最好的工具。注意，这里的错题本是自己建立的错题本。市面上有很多"学霸错题笔记"，虽然学生的易错点有着一定的普遍性，有一些问题是共有的，但是还有很多错题是因人而异的。而且，建立错题本的过程是极为重要的，学霸错题笔记，或者其他同学的错题笔记我们可以拿来参考、借鉴，作为"好题分享"进行补充，但是一定要建立自己的错题笔记。尤其是临近考试的中考生和高考生，对错题笔记的积累，会在考试之前给自己吃一颗巨大的定心丸。有了自己"独一无二的错题本"，在复习备考、查缺补漏的过程中，会帮助我们找到清晰的方向，针对自己的盲区有重点地下功夫，起到事半功倍的神奇效果。

在学习中，最可怕的不是知道自己有很多不会的内容，而是根本不知道自己哪里不会，哪里有问题。"不知道自己不知道"是学习过程中最可怕的状态。做习题作为一种检验自己失分处和盲区的良好方式，与之相匹配的解决方法就是把这些问题汇集起来做成错题本。通过对自身错误的系统汇总，我们会清楚地知道自己上一阶段的学习误区在哪里，发现自己认知和思维方式的规律性纰漏。同时，对下一阶段的学习目标也会更加集中和明确。这样，在复习的过程中，我们就可以做到详略得当、重点突出，不仅能够节省时间，提高效率，更重要的是能够培养我们"以解决问题为核心"的学习理念。一方面，学习新知，进行检测，查漏补缺；另一方面，总结复盘，加深理解，不断精进。学习能力就会在这个过程中不断提升。

错题本还有助于改变我们对待错误的态度，正确对待错题的态度是减少错题的关键。错误是宝贝，出现错误才能使我们知道自己的不足。切记，不能因为错题少或错误的原因简单而忽视它。

一个错误实际上就是一个盲点。如果对待错误的态度不积极，或者不用有效的方式解决错误，错误会在任何可能的时候发生，而且会经常重复发生。

常见的"无效错题笔记"

有些同学会问：我一直按照老师的要求把错题都抄到了本子上，为什么成绩还没有提高？为什么整理错题本占据了自己大量的时间，却没有起到应有的效果？为什么记过的错题再次遇到时，还是反应不过来，继续犯错？

这其实是常见的"无效错题笔记"。有的同学对错题本的使用存在误区，在整理错题笔记时出现错误做法。

（1）勤奋的搬运工

有很多勤劳的同学，会不加选择地把所有错题以及答案原封不动地抄到错题本上，这样做不仅会浪费大量时间，而且，在抄写的过程中如果没有思考和选择，就难免会有溜号走神的情况出现，效率极低。在过后复习时，也无法做到高效浏览自己的盲区。错题本当然不应该是照搬照抄，而应该是对知识的梳理，是重点、难点的集合，是系统学习基础上的重点解析，这样才能使学习更高效、重点更突出、复习更具有针对性。

（2）懒惰的精简者

当然也有同学走向另外一个极端，他们的错题本上没有抄录错题,只对"错题"背后干巴巴的知识点,草草记上一笔,甚是"言简意赅"。回过头来再看的时候,往往自己都不记得原题的题境和条件了,不能够进行精准的回顾,也起不到重新检测的作用。

翻看这种错题本变成了浏览知识点,没有题设的考查,往往又是极其熟悉的"一看就会一做就错",复习效果会大打折扣。因此,错题本不可以与笔记混为一谈,更不能合为一体。

错题笔记上应该记什么？

了解了记错题笔记的原因和意义所在，我们就会明白错题笔记应该为我们的学习而服务，而不是为了记而记。那么，错题笔记具体应该记哪些内容呢？下面将具体给出大家应该记录的内容以及记录过程中的要点。

记录错题题目

要点：

错题来源要广泛。不论是作业、试卷，还是日常练习，只要是学习过程中产生的错题，都尽可能在第一时间及时录入。先录入，后整理。

在记录错题时，那些确定会，但因疏忽而做错的简单题目，可以不记在错题本上,以节约时间。一旦确定要整理,就要尽可能详细地记录原题,方便日后复习。

记录错解

要点:

记录自己的错误解答是一种良好的习惯,但是千万不要把自己的错误解答照搬照抄地写在笔记本上。我们需要记录的是我们错误的思维和认知,写出自己解题时的思维过程,对自己错误思维产生的原因及根源进行分析。

例如:

题目:每个小奶油蛋糕需要 7.5 克奶油,50 克奶油最多可以做成多少个这样的蛋糕?

A.5　　　　　B.6　　　　　C.7　　　　　D.8

错解:C。50/7.5=6.666≈6.7(个),四舍五入等于 7,但没有考虑实际情况,剩下的奶油是不够做一个蛋糕的,因此应该选择 B。

记录错因

要点:

要在错题后,详细地记录错因,并将错因分类。常见的错因分为以下几种:

（1）知识型错误

表现为对概念理解不清，对公式、法则、定理和一些常识性的知识应用不当。

（2）方法型错误

表现为解题思路出现偏差，解题能力没有充分发挥。

（3）计算型错误

表现为数、式变形不合理，由于心理紧张引起的笔误，或者答题不规范等。

（4）审题型错误

表现为审题不仔细，丢掉关键字、词、句，解题半天，才发现看错了题目的条件或漏掉了条件。

将"错"变得清晰明了，详细地标出错误原因——概念错误、方法错误、计算错误、审题错误等，不仅能够让我们找到自己的薄弱环节，还可以提高我们的归纳总结能力。

举例：

错因：锥体的体积需要乘以 1/3，习惯性地忘记了，属于概念错误。

上述奶油蛋糕的例子，就属于概念错误，而不是计算错误。

记录正确解法

要点：

详细记录题目的引入语、解题的切入口、思路突破点、解题的技巧、解题步骤及小结等。并在该错题的旁边进行注释。

经验归纳，避免下次犯错

要点1：强化记忆

吃一堑，长一智，从错误中接受教训。找到犯错的原因和正确的解决办法，再多次强化，就能取得良好的效果，从而避免再次发生同样的错误。我们可以找到一些方法来强化记忆，规避错误。

例如：

（1）看见锥体体积就要想到乘 1/3。

（2）半青半黄：比喻时机还没有成熟。也比喻其他事物或思想未达到成熟阶段。不是指脸色不好，不要望文生义！

（3）英语中，第三人称单数不要忘记。

（4）太阳从东方升起不能用 from the east，而要用 in the east。

要点2：记录同类型的题

◎ 按内容章节或者知识点来分类，把相同的题型归纳到一起。题目是千变万化的，但是同一类型题目的解题思路是相通的。要注意归纳总结，举一反三，触类旁通！

◎ 在学习某个知识点的时候，可以按从易到难的顺序，彻底弄懂，逐步提升，形成多层次、多维度的重点知识突破矩阵。

◎ 对一些经典的考试题型进行总结整理，特别是那种很简单、知识点很常用，但是题目中易设陷阱、很容易做错的题目。

◎ 将数学公式推导题、定理推论证明题，特别是经典的几何模型题，进行归类整理。熟练掌握几何模型后，再遇见稍难的几何题，就会得心应手许多。

◎ 要善于在做题时总结常用结论、思路方法。有些结论是可以用的，至少对于分析题来说，要快捷许多。

要点3：进行错题改编

对于比较典型的题目，可以根据题目特点进行改编并求解，以加深对这类题目的理解。这一工作的难度较大，解题经验丰富的同学可能做起来比较顺利。如果我们能学会如何去改编题目，将是弥补知识漏洞的最佳方法。初始阶段，大家只需对题目条件稍做改动就可以。

高效省时的错题笔记妙招

先做页面规划

如下表所示,将页面纵向分为三栏。

◎ 第一纵栏的宽度1厘米左右,记录这道错题的正确答案(①),它可能是一个选项,也可能是一个数字。

之所以要记在这里,是为了在复习错题时便于思考。我们在回看错题笔记的时候,可以拿一把尺子或者一页纸,把这一栏遮住,在不知道正确答案的前提下,重新把这道题目计算一遍。

需要注意的是,如果是文科性质的内容,如语文学科的解答题,正确答案的篇幅会很大,就不需要写这一栏了,直接记录到"④正确解答过程"中就好。

①正确答案	②错题来源和序号 错题题目摘抄	⑤知识点概括 错因类型
	③错误答案 错误的计算过程	
	④正确解答过程 经验归纳	
	⑥改编题目	

◎ 第二纵栏占据了大部分页面。这里又被分成了四个部分。

在拿到一道错题以后，**首先要记录的就是错题来源和序号以及错题题目**（②）。错题来源一定要记录下来，这是为了在题目记录不准确时，能够快速地翻出原题。

错题题目的录入方式有很多，不同的录入方式应用场景不同，各有利弊。

（1）**手抄法**。适用于字数较少的题目，如理科错题。抄写的过程同时也是进一步熟悉题干的过程，在抄写的过程中，可以着重记忆题干中的题眼，甚至作进一步的阐释和标记。但是对于字数较多的题目就不太适合手抄法了，因为抄起来会比较浪费时间，也不如印刷字体便于后期翻看。尤其是字迹不是很工整的同学，可能过后自己都看不懂当初写下的内容。

（2）**剪切粘贴法**。对于字数较多的阅读题，或者是题干较长的文科题目，可以直接把错题剪下来，贴到错题本上，高效省时。但是剪切和粘贴的过程有点类似于做手工，极容易走神，往往粘贴了一整堂自习课的错题，脑子里却天马行空，没有进行任何思考。

（3）建立电子错题文档。现在有非常多的错题软件和小程序，自控力比较好的同学，可以尝试用电子设备来帮助自己记错题笔记。电子版的错题不仅高效，而且便于在线编辑整理和之后重新温习。

其次，要记录错误的答案和错误的计算过程（③）。如前文所说，就是把错误的思考角度和解题过程一五一十地写下来。千万不要嫌麻烦，因为思维上的错误，哪怕再简单，也非常有可能会重复出现，比如出现两位数的加减法计算进位错误的情况。

接下来，记录正确解答过程和经验归纳（④）。其中经验归纳是非常重要的部分，要用红色笔、感叹号等进行强调。

◎ 第三纵栏的宽度大致3厘米左右，不需要太宽，用来记录知识点概括和错因类型（⑤）。错题类型参见"错题笔记上应该记什么"小节中所列举的四大错误类型。知识点概括是指这个题目属于哪个知识点，比如"分数运算""面积计算"等，简要概括一下。

之所以把知识点概括放到第三栏，是为了方便检索。在以后遇到新的错题时，通过查阅知识点，可以迅速归类，把同类型题目放到一起。同样，把错因类型放到第三栏，也是为了便于归纳、复习和改进。如果我们在这个知识点上的错因集中在"计算型错误"上，那么我们在下次解决这类题目的时候，就要尤其注意计算的过程了。

最后，把改编题目（⑥）也记录到第二栏下面。在知道错因以后，为了检查是否真的掌握了这类题目，是否能够避免同类错误，可以从这个角度出发进行改编。比如，如果出现的是计算型错误，我们可以换个数字；如果是审题型错误，就可以把其他容易让我们审错题目的问法、说法替换进来。

举例说明一下：

B	课本 p13.1 每个小奶油蛋糕需要7.5克奶油，50克奶油最多可以做成多少个这样的蛋糕？ A. 5　　B. 6　　C. 7　　D. 8	生活中的四舍五入问题
	错解：C 50/7.5=6.666 ≈ 6.7（个），四舍五入等于7。没有考虑实际情况，做完6个以后，剩下的奶油不够50克，做不了完整的蛋糕了。	
	正解：50/7.5=6.666，所以是6个蛋糕。	概念错误
	变式：每套衣服用布2.2米，50米布最多可以做多少套这样的衣服？	

擅用彩色笔标记

汇集学霸和状元们的笔记，我们抛却一些个性不言，直观上来看，大多数的笔记都有一个共性，那就是一眼望去"花花绿绿的"。用荧光笔进行勾画或用不同颜色的笔进行书写，主要目的可不是为了美观好看，花花绿绿的背后是学霸对认知规律的深刻把握。

试想，如果我们的书籍是黑白色的，而且字体、字号上没有差别，没有突出重点，那么我们阅读的困难就会大大增加。我们不仅会下意识地放慢阅读速度，在理解效果上也会大打折扣。这就是为什么我们的课本多图多色，大小标题分明。如果我们的错题笔记也想做到这一点，就要善于利用彩色笔标记法。

建议大家用黑色笔书写无关紧要的内容，用蓝色笔纠正错误，标记错因、错误思路，进行知识点概括，用红色笔归纳总结。

这种用彩色笔标记的方式能够帮助我们更加深刻且高效地记住知识点。尤其是需要长期记忆、大量记忆，以及需要理解、归纳整理试题的同学，如果掌握了这种方法，会形成系统和高效的错题笔记系统。

当然，如果喜欢更多的颜色，也可以开发出自己的颜色笔记系统。快打开自己的文具盒，看看是不是只有黑色的笔，如果是，就赶紧准备一些彩色笔吧！

多用活页专题整理

在整理错题的过程中，我们会逐渐发现规律，知道自己的知识掌握到底在哪个版块出了问题，同时也会建立起完整的知识体系。针对进入复习阶段的同学，推荐用活页圈+活页纸来记笔记和整理错题。笔记的利用率越高越好。普通的笔记本都比较厚重，不方便携带，如果改用活页圈笔记本，既方便携带，又便于分类分阶段整理。尤其到了高三复习备考的后期，有可能某个部分的笔记会被经常用到，这时候用一个活页圈把中间要用的部分单独拿出来，就相当方便了。

在积累的过程中，我们可以不断地"塞"活页进去，方便我们做专题性的整理和复盘。还可以用索引的方式，便于我们后期进行翻看。

整理错题记录只是开始，周期性地回顾、整理、复盘才是关键。对于新出现的错误，要有意识地和错题本里的错题进行对应和归类，不断更新错题本。这样做可能短期不会有什么明显效果，但时间一长，效果就会显现出来。积累错题的过程，其实是"跌倒→反思→进步"的过程。之所以出错，大多是因为知识点掌握得不扎实，所以要经常和错误"见面"。但是像"1+1=2"的问题，即使是梦中也不会出错。

巧用电子错题笔记

在互联网如此发达的今天,相信很多同学会建立自己的电子错题文档,不仅便于搜索,还可以实时更新和补充新内容,积累一段时间后,就可以直接导出电子版的错题库,既可以导出有答案的版本,又可以导出没有答案的版本。然后我们可以重新做一遍之前的错题,进行最直接的检验。

错题笔记回看：
让错题笔记的效用最大化

　　建立错题本看起来简单，但真正用起来，是要花费相当多的心思和精力才会有效果的。坚持直至成为习惯，这一点最为关键。唯有如此，才能真正实现错题本的价值。在这里要明确一点，错题本的使用主体是我们自己，而不是家长。尽管在录入等方面家长可以提供一些帮助，但主要还是我们自己亲自做。家长要当好"监督员"和"指导员"，而不要做"战斗员"。更不要越俎代庖，大包大揽。要将错题本融入日常学习过程中，作为学习的一个必做步骤，而不是一项额外的学习任务。整理要及时，否则会造成对题目的淡忘或遗漏。同学之间亦可以相互交流"错题笔记"，以弥补自己在整理时的遗漏和不足。那么我们回看笔记时要如何做好时间安排呢？

心理学家艾宾浩斯发现，信息输入大脑后，遗忘也就随之开始了。正如下图所示，人类大脑对新知识的遗忘是有规律的，且遗忘率随着时间的流逝，先快后慢。到了相当长的时间以后，几乎就不再遗忘了。

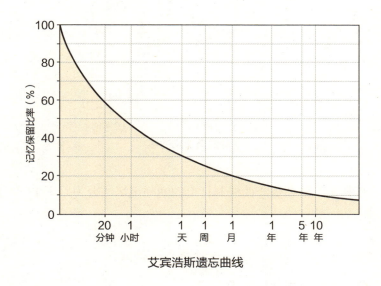

艾宾浩斯遗忘曲线

再次仔细观察曲线，我们可以发现，遗忘在学习之后立即开始，如不抓紧复习，学到的知识在一天后就只剩下原来的25%。

如何利用遗忘曲线进行学习呢？

下面这张图片是使用间隔记忆法之后，遗忘曲线的明显改善。

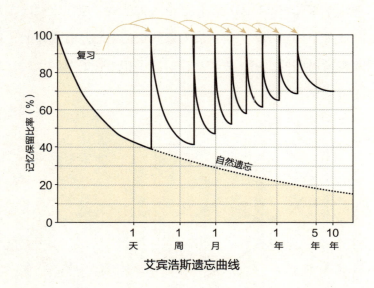

艾宾浩斯遗忘曲线

根据艾宾浩斯遗忘曲线制订出的间隔记忆法分为以下 11 个复习周期:

第一个复习周期:(第一次学习)5 分钟后;

第二个复习周期:30 分钟后;

第三个复习周期:12 小时后;

第四个复习周期:1 天后;

第五个复习周期:2 天后;

第六个复习周期:4 天后;

第七个复习周期:7 天后;

第八个复习周期:15 天后;

第九个复习周期:1 个月后;

第十个复习周期：3个月后；

第十一个复习周期：6个月后。

其中，5分钟、30分钟、12小时，这三个复习时间点属于短期记忆复习周期。如果只用于考试前突击记忆，只按照这三个时间点去复习，即可利用遗忘曲线的记忆规律更快速地记忆。

1天、2天、4天、7天、15天、1个月、3个月、6个月，这八个复习时间点属于长期记忆复习周期。对于任意学科的一个知识点，按照短期记忆的三个复习时间点再加上这8个复习时间点，即可满足遗忘曲线的中长期记忆规律要求。

那么根据这个遗忘曲线，我们可以进行如下安排：

拿到错题的12个小时内加以整理，第二天复习第一次，第四天重新翻看，一周后可在周末翻看回顾整周的错题，半个月时可以做整章的整理，月考前复习，3个月时进一步总结归纳。在不断积累新题的同时，删除掉已经掌握的旧题。

为什么要记读书笔记?
读书笔记记什么?
把控三个环节,记好读书笔记

手把手教你
记读书笔记

为什么要记读书笔记？

"不动笔墨不读书。"

"好记性不如烂笔头。"

"眼过百遍，不如手过一遍。"

司马光说："苟有可取，随手记录。"

奥野宣之说："写读书笔记可以改变的读书方法。"

一个人的阅读史，在一定程度上就是他的思想成长史和能力发展史。随着阅读的深入，每个人的读书方法一定也会不断进化和迭代。而贯穿读书各个阶段的，陪伴并记录我们成长历程的，就是读书笔记。

有很多人读书，就是"翻书"，从头到尾，从第一页到最后一页，不拿起笔，也不写一个字。全程如一个冷冰冰的观众，和书本身没有任何互动，单纯地去接收信息。这样的阅读一定是低效的，这种阅读方法也存在着很大的问题。

勤做读书笔记可以帮助我们进一步领会和记忆读过的内容，丰富知识、积累资料，同时便于经常复习，温故而知新，还可以提高阅读写作能力和归纳能力，并且能够培养独立思考和分析问题的能力。可见做好读书笔记可以让我们最终实现阅读素养的提升和思想水平的提高。

在繁重的学业压力之下，阅读有的时候也要为考试和升学服务。不得不承认的是，在语文素养的培养上，阅读有着不可忽视的作用，是提高语文能力和语文成绩的必要手段。

读书不记笔记，所读内容犹如雨点落入大海，无影无踪。但是对于大部分同学来说，读完一本书再来用文字记录自己点点滴滴的收获，是有些困难的。对于老师留的读书笔记的作业，有80%以上的同学是为了完成任务而摘抄的，没有方向，没有重点，杂乱无章。浪费时间不说，还没有一点效果。所以同学们也经常出现书买回家就没有看完过，一页书能读10分钟，读完后的内容转头就忘等令人忧心的现象。

如果认真记读书笔记，就会对一本书的重点和感悟了然于心。在我们想对读过的书进行回顾时，很快就能唤醒当时的记忆和思考。写读书笔记也可以培养自己的辨别力，不管是科普类、学习类，还是娱乐类的书籍，对类目与质量会有大致的把握。更重要的是，读书笔记可以指引我们明确自己的阅读方向，了解自己读书的兴趣在哪里，应该多读哪一类的书籍，在阅读过程中还要注意什么，这对于我们的语文能力、思维方式以及眼界见识都是大有裨益的。

读书笔记记什么？

同学们读书通常是为了满足两个目标：一是积累作文素材，二是拓展知识储备，提升思维水平。在不同的情况下，大家需要记录的内容也有所差异，下面分别来介绍一下。

积累作文素材的笔记要点

阅读的益处很多，而最直接的，就体现在我们的作文成绩上。那么作为课内作文素材的积累，我们都应该记些什么呢？

（1）书名

首先一定要记住书名，在考试的时候才可以引用正确的书名。

（2）作者名字及简介

了解作者及其生平不仅能够帮助我们理解一本书，同时还可以直接作为典型人物事例写进我们的作文中。

（3）摘录

作文中的引用不要过长，只摘录可以引入到作文中的"论据"即可。

（4）联结主题

在阅读的时候要有目的地与我们常见的作文主题做关联。

提升思维水平的笔记要点

阅读还是用来拓宽认知领域、锻炼思维能力、增长见识、满足好奇心的良好方式。这个时候虽然是兴趣推动，但也要读有所获。最理想的状态是，读完以后不仅有自己的想法，而且能够清清楚楚地与其他人分享自己的收获。在互相分享中不断成长，是一件非常快乐的事情。

为了达到这个目的，我们需要记录下面这些内容：

（1）阅读目标

我们对书籍的选择一定不是随意的、漫不经心的。只有合理并且强烈的阅读动机，才会让我们有动力和目标感去读完一本书，建立与这本书的联结。所以我们可以把自己的阅读动机记录下来。

（2）核心观点

"打蛇打七寸"，一本书的核心就是它的"七寸"。我们在阅读过程中，很容易缺乏对重点的关注，从而导致没有聚焦的感觉。把握书籍的核心观点，有利于我们高效记忆和回顾。

（3）金句名言

我们从小到大都在搜集名言名句，从小学的"好词好句"到高中的"引用化用"，我们到底需要什么样的句子呢？**具备三个"特别"的句子需要记住：表达特别到位、思想特别深刻、情感特别充沛。**这样的句子，能够启发我们的认知，增进理解，引发思考，激发动力。这样的句子，不仅会有助于我们表达，还可能会影响我们的人生。

而作为作文素材的摘录则另有要求。要摘抄书刊文献中与自己学习、研究有关的精彩语句、段落等，作为日后应用的原始材料。摘抄原文要写上分类题目，在引文后面注明出处。有的书籍只论述了 1~2 个争议性很大的核心论点，可以只摘录核心论点以及里面能够打动我们的重点片段。

注意摘抄时不要省略，要保持原汁原味。首先，要摘抄对自己来说特别重要的部分，因为摘抄可以加深对内容的记忆。有人会说，可不可以只写要点，要知道，想总结出完美再现作者意图的要点是很困难的。摘抄还可以加深理解，在摘抄的过程中，会很容易发现作者经过反复思考的思想内涵。

其次，要摘抄让自己心动的语句。比如有以下感受的句子：第一次看到这种描述，可以把那种感觉表现得那么好；原来还有这种看法；这种说法让人信服。**摘录式笔记**的理念可以说是为了把笔记做好而读书，这样带着目的去读书，只关注整本书的章节重点即可，看到不是很重要的东西就会自然而然地一扫而过，不会纠结。因此，整个阅读过程会变得流畅而充满实用性，让人更加明确阅读角度，有助于筛选重点，增强快速阅读的能力。

（4）故事案例

我们经常会有读过就忘的经历，尤其是一些故事情节和案例，在写作文列论据的时候，常常搜肠挂肚也想不起来。所以我们在记读书笔记的过程中，要刻意给这类内容留出空间。在阅读故事之后，**锻炼自己的总结和概括能力**，言简意赅地说出文本讲了什么，主要内容和核心人物是什么。这样，不仅有利于我们记忆，还会加深我们的思考。

（5）洞见时刻

所有的灵感和创新都不是一拍脑袋就想出来的，是我们之前的积累和眼界的爆发性展现。当我们阅读时，一定要及时记下自己灵光乍现的想法，否则它就会转瞬即逝。

（6）阅读感受

我们会发现，大脑对于饱含情绪的内容会记忆得更深刻，如果一本书的某处内容触动了我们的心弦，我们会更容易记住。

所以，读完一段话或者一本书，应该将自己的感想和体会写出来，这种笔记是心得式笔记，不需要像评论家那样长篇大论，将对自己真正有用的智慧和语句充分吸收才是最重要的。读书的重点是将自己认为重要的内容彻底消化，因而记录感想的时候要写下自己的心声，哪怕只是一句话，只要写的是发自肺腑的语句，读书笔记就有意义。

在读书的过程中要不断进行思考，让自己与"书"产生共鸣。当我们读完一整本书后，就会有很多自己的观点和感受。记录下这些观点和感受可以提高我们的阅读能力和写作能力，还可以增长见识，增强对事物的认识能力。

把控三个环节,做好读书笔记

读书笔记贯穿整个读书的过程。下面从阅读前、阅读中和阅读后三个阶段教大家记录读书笔记。

阅读前,用两个问题确定读书目标

你有没有遇到过这样的情况:

读完一本书后,根本想不起来它最开始讲了什么,甚至连整本书的内容都忘得差不多了;

过了一段时间以后,读过的书和没读一样,完全想不起来;

和其他同学读了同一本书,对方可以滔滔不绝地讲出来,而你只能站在旁边说"对""是的""我好像也看过这个"……

这些问题，都是缺乏读书目标导致的！如果我们心里有一个清晰的目标，比如"我要通过读这本书来解决某个问题"，那么无论是刚开始翻阅、读到中间，还是马上就要读完，心里面都会一直问自己：这个问题解决了吗？

比如，我们在读《世界上下五千年》这本书之前，就定下一个目标："读完这本书以后，我要能够梳理出来从远古时期到20世纪末发生的重大历史事件"。那在读的过程中，我们就不会非常随意地记录笔记内容，而是会有意无意地把一些书中强调的那些重要的事件勾画或者摘抄下来。所以我们在拿到一本新书以后，先不要急着往后翻，而是要问自己两个问题：

（1）关于这个主题，我已经了解了哪些知识。

（2）除了已经了解到的内容以外，我还想从这本书里收获什么。

这样，我们就能够以解决这两个问题为目标去阅读。

阅读中，高质量摘抄

很多同学边阅读边摘抄，最后发现几乎把整本书都抄下来了，有的同学可能会觉得记录的内容不够好、参考性不强。边读书边记笔记，会扰乱我们读书的思路，最后变成了完全不动脑筋地抄书，"卖力不讨好"。

我们要有"多读几遍"的态度。

拿到书以后先通读一遍，以"读"为主，认为好的内容就用便签做一个标记。

通读过后把做记号的部分再读一遍，把仍然觉得很好的内容再次标记，比如在另一个角再贴一张便签。

最后，把两次标记的地方再看一遍，把更好的内容画线，然后把特别棒的句子摘抄到笔记本里面，并写下自己的感受和想法（一定要留下感受与想法。我们之所以选择摘抄这些句子，是因为我们觉得它特别好，对它的评价就是我们的想法）。摘抄部分可以用"→"表示，感想、思考或者补充说明用"△"表示。把这些句子都摘抄到一个本子里面，日积月累，以后不管是写作，还是与别人分享，都能够让我们的表达与众不同。

举个例子：

→我于是躺在地上，正好躲在藓苔丛林的后面，当我抬起头来，我看见有巨大无比的躯体发出磷光，气势汹汹地走过来。我血管中的血都凝结了！我看见逼近我们的是十分厉害的鲛鱼，是一对火鲛，是最可怕的鲨鱼类，尾巴巨大，眼光呆板阴沉，嘴的周围有很多孔，孔中喷出磷质，闪闪发光。

△这一段好吓人，近距离看到鲛鱼的时候，那种感受太刺激了，以至于"血都凝结了"。让我想起了上次在海洋馆看到一条奇形怪状的大鱼时，也有过类似的感觉。

阅读后，这样总结归纳

读完一本书以后要及时总结概括整本书的内容，这个环节能够帮助我们更好地吸收书本知识，检验阅读效果。边打瞌睡边翻书，翻到最后也能当作已经"看完了"，但这样看书的效果和认认真真读完相比，肯定是不一样的。

（1）用读后三问整理内容

还记得我们在读书前问过自己一个问题吗？"除了已经了解到的内容以外，还想从这本书里面收获什么"。这里我们就来回答这个问题，也就是我们要梳理一下，从这本书里，学到了什么知识。为此，我们要在读完书以后思考三个问题：

◎ 学到的三个知识点是什么？

◎ 现在还存在的两个疑问是什么？

◎ 已经掌握的一个新观点是什么？

我们可以把这三个问题的答案记录到书上，或者记录到便签纸上，夹到书里。还可以再次问问自己，将答案在脑海里面过一遍。如果发现自己的脑袋空空如也，什么都回答不出来，就再翻一翻书，边回顾内容边解答这几个问题。

学到的三个知识点	存在的两个疑问	掌握的一个新观点
1.	1.	
2.	2.	
3.		

（2）用"哦？啊！哇！呼！"概述内容

如果我们读的是故事书，比如《福尔摩斯全集》《哈利·波特》等，就不太适合用上述问题回顾。这个时候，可以使用下面几个问题来检验自己的阅读效果，以《老人与海》为例：

哦？ 开始阶段，明确故事中出场的主要人物和存在的问题。

例如，一名叫作桑地亚哥的老渔夫连续 84 天没有捕到一条鱼。

啊！ 发展阶段，明确主人公如何开始解决问题。

例如，老渔夫独自一人远航，经过三天两夜的搏斗，终于捕到一条大马林鱼。

哇！ 高潮阶段，故事的关键点，明确主人公经历了怎样的重重困难，如何奋力解决。

例如，在归航途中，一条条鲨鱼围上来，老人奋力拼搏。

呼！ 结束阶段。明确事情最终的结果和主人公可能会感悟到的一些道理、产生的一些感受。

例如，等老人回到海岸，大马林鱼只剩下了一副巨大的骨架。大家都惊叹于老人的经历。

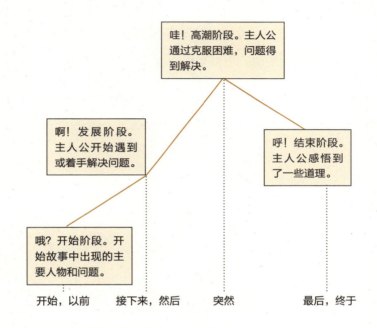

（3）用思维导图梳理内容

当然，我们还可以采用思维导图的方式来整理一下整本书的内容。

具体做法我们在前面的内容里面已经学习过了，重要的是动手，动手，动手！如果不亲自动手，做思维导图的能力将永远停留在新手阶段。

做思维导图最大的好处就是能让我们清晰地看懂作者写作的结构，帮助我们厘清思路。如果用思维导图把整本书的框架梳出来，就能很容易看清作者是如何一步步按照逻辑推进内容的。当然一开始就做这种梳理是有些困难的，我们可以寻求家长或老师的帮助，请他们帮忙梳理整本书的要点之后，我们再来补充二级目录或是三级目录，在完善思维导图的过程中，也可以强化记忆，更明确文章的结构，把握主要内容。

读书思考，随手记录，同时不要忘记温故而知新，这些习惯值得我们学习并坚持去做，这将是我们一生的宝贵财富！